西洋哲学の背骨

知っておきたい
プラトン、デカルト、カント、サルトル

荻原 真

新曜社

はじめに

「哲学＝難しい学問」というイメージがあります。たしかに哲学はやさしい学問ではありません。「哲学＝高尚《こうしょう》な学問」というイメージがあります。たしかに、人を寄せつけないようなところもあります。カントの哲学を理解しようとして『純粋理性批判』を買って読み始めたけれど、2ページも進まないうちに挫折《ざせつ》した、といった話はよく耳にします。こんなところでつまずいていては、二千数百年にわたる西欧哲学を理解することなど到底《とうてい》できません。

そこで、この本では、（古代ギリシャ以来の）西欧哲学の歴史を思いきり「かみくだいて」解説することにしました。現代の日本の高校生でも無理なく理解できるように、可能なかぎり「口当たりをよく」してみました。

愉快なおじいちゃんと2人の高校生が対話するという構成です。哲学に詳しいおじいちゃんが、2人の高校生に西欧哲学の流れを教えていきます。おそらく現代の高校生がもつだろう、と思われる感想、意見をとりあげながら、3人のあいだで議論が深まるように構成してみました。

とりあげる哲学者の数を（わざと）しぼり込みました。とりわけ焦点を合わせたのが、プラトン、デカルト、カント、そしてサルトルです。二十数年前に亡くなったサルトルの思想にふれることで、いちおう、古代から現代まで、二千数百年の哲学の歴史をカバーできたのではないかと思っています。

ほんとうはもっと多くの哲学者を扱いたかったのです。しかし、あえて数を限定しました。それというのも、あの哲学者も、この哲学者も、とまんべんなくとりあげてしまうと、中身が薄くなってしまって、ひとりひとりの哲学者の思索の広がり、深みをとらえることができなくなるからです。

扱う哲学者の数を少なくすると、時代が飛んで、話がつながらなくなるおそれがあります。そこで、「プラトン主義」という潮流に注目しました。「プラトン主義」は、古代から現代にいたるまで、西欧哲学全体の底を流れていて、多くの哲学者がその影響をこうむっています。

先ほど、現代の日本の高校生でも無理なく理解できるように、可能なかぎり「口当たりをよく」してみた、と言いました。じつは、ここには危険があります。どんな危険でしょうか。たとえを使って説明させてください。「口当たりのよい」カレーをイメージしてください。甘口で、幼い子供でも食べられる「口当たりのよい」カレーです（あるいは、かつおだしのきいた「ライスカレー」です）。しかし、それは、「本格的な」カレーとは、つまり本家本元のインドのカレーとはかなりちがうものでしょう。インドの人が食べたら、これは「カレー」に似ているけれど「カレー」ではない、というかもしれません。

たとえを理解していただけたでしょうか。「本格的な」哲学も、けっして「口当たりのよい」ものではないのです。かみくだくのは、ほんとうに骨が折れます。私も、二十数年前、大学の授業でカントを（勉強を始めたばかりの）ドイツ語で読まされたとき、ちんぷんかんぷんでした。

けれども、これから読んでいただく哲学史が「本格的な」哲学史とは似ても似つかぬもの、というわけではけっしてありません。いつわりの哲学史というわけではありません。むしろ反対です。できるかぎり「本格的な」哲学史たらしめようと、私としては努力に努力を重ねたつもりです。ただ、わかりやすくするために、どうしても乱暴なつなげかたをしたところがいくつかあります。この点に関しては、哲学はあくまでも「厳密」でなければならないとお考えになっている先生方からきついお叱りを頂戴するかもしれません。ともあれ、この本は、将来、歯ごたえある哲学、「かみくだくのに骨が折れる」哲学に挑戦するための梯《はし》子《ご》のようなものです。登り切ったら投げ捨ててけっこうです。あるいは、古着のようなものです。脱ぎ捨ててけっこうです。そのように踏み越えていってください。

なお本書をまとめるにあたって編集部の塩浦暲さん、松田昌代さん、とりわけ直接担当してくださった松田さんには、原稿に細かく目を通していただき適切な御教示をいただいて、たいへんお世話になりました。厚くお礼を申し上げます。

２００６年６月

荻原　真

目次

第4章　現代の西欧の思想　195

装幀――虎尾　隆

第1章
古代ギリシャの哲学

おもな人物・キーワード

ミレトス学派

タレス
「アルケーは水」

アナクシマンドロス
「ト・アペイロン」

アナクシメネス
「アルケーは空気」

ピタゴラス
「輪廻転生」「数（7など）」

パルメニデス
「あるものはある、
あらぬものはあらぬ」

多元論者
「アルケーは複数」

レウキッポスとデモクリトス
「アトム（原子）」

ソフィスト
「弁論術」
「フュシスとノモス」

ソクラテス
「対話（〜とは何か？）」

プラトン
「イデア論」
「アカデメイア」

プラトン主義
「二世界説」

アリストテレス
「質料」「形相」
「生物学の祖」

神話、そして哲学のはじまり

① タレス、アナクシマンドロス、アナクシメネス——万物の根源《アルケー》は何か?

愛《あい》 おじいちゃん、哲学って何なの?

爺《じい》 **哲学とは何か**…。そうさな…、簡単に説明するのは難しいが。ようするにだな、…哲学というのは、「**世界の根本的な問題**」「**世界の究極的な問題**」について考えてみたり、答えを出そうとしてみたりすることだ。

愛 「根本的な問題」…、「究極的な問題」って…。

智《さとし》 「キュウキョク」? わかんないよ。「世界の究極的な問題」って、どういうこと?

爺 いい換えるとだな、「世界は、なぜ**ある**のか?」とか、「世界の一番のおおもととは何か?」とか、それから、「私たちは、なぜ、いま、ここにいるのか?」とか、そういった問題のことだな。

愛 「私たちは、なぜ、いま、ここにいるのか」ね…。うーん…。

智 へぇー、難しそう。そんなこと、いままで考えたことないなぁ…。

だいたい「世界はなぜ**あるのか**」なんて言われても、困っちゃうよ。世界は、あるから、あるんだしね。

…ちょっと、なんか、頭が痛くなりそう。

爺　たしかに。カントだの、ヘーゲルだの、いきなり専門的な哲学の本なんぞ開いたら頭が痛くなってしまうだろうな。準備もなしにヘーゲルなぞ読もうとするのは、まぁ、難しい数式や記号だらけの数学や物理学の本を、小学生が読みはじめるようなものだ。

だから、いったん、2600年ほど前の**古代ギリシャ**に目を向けてみてはどうだろう。

愛　どうして古代ギリシャなの？

爺　「哲学」といういとなみを初めておこなったのはギリシャ人だったからだ。

智　ふぅーん。ずいぶん昔だね。紀元前だよね。

爺　そう、そんな昔のことなのだが、ギリシャ人たちは、その頃すでに帆船《はんせん》を自在にあやつって、地中海を舞台に活発な商業活動、つまり貿易をして、利益をたくさんあげて、文明社会を築いていた。つまり、ギリシャ人は「海洋民族」だった。「だった」というか、いまでもギリシャでは海運業がさかんだ。

…で、おまえたちは、古代ギリシャの神話、「**ギリシャ神話**」というのを知っておるか？

智　ギリシャ神話？　どこかで聞いたような気もするけれど…、よくわかんない。

爺　ゼウス、ポセイドン、ガイア、アポロン、エロス、ヘルメス、ペガソス、ヘラクレス……なんていう名前に、何か聞き覚えはないかい？

愛　えーと、ヘラクレスは、たしかすごい力持ちでしょ。ペガソスは馬だけど、背中に羽がはえていて、それから、アポロンっていうのも、どっかで聞いたような…。

爺　そのとおり。これは神様たちの名前。当時ギリシャでは、こういった神々《かみがみ》が人々に信じられておった。ところが、「哲学者」たちが現れて、少々状況が変わってきたな。

でも、哲学の話にゆく前に、**ギリシャ神話**について、ちょこっと話をさせてもらおうか。
…さて、この世の初《はじ》めのことだ。女神《めがみ》の大地《ガイア》が生まれてきた。そしてこの大地《ガイア》が天《ウラノス》を生んだ。天《ウラノス》は男神《おがみ》で、この神がやがて大地《ガイア》の上におおいかぶさって（つまり結婚して）、それでさらにいろいろな神様が生まれてきたな。

ところが、父親の天《ウラノス》は、生まれる子供たちを片《かた》っ端《ぱし》から大地《ガイア》の奥のほうに隠してしまった。母親の大地《ガイア》は、自分が産んだ子供を腹のなかに詰め込まれて苦しんでいた。そこで、大地《ガイア》は、大きな鎌《かま》をつくって、子供たちに呼びかけた。「だれか父親の非道な仕打ちに復讐《ふくしゅう》する者はいないか」、とな。すると、末っ子のクロノスというのが、勇気を奮《ふる》って、「ぼくがやります」と申し出た。夜になって、天《ウラノス》が大地《ガイア》に愛を求めておおいかぶさろうとしたとき、クロノスは、なんと父親の、つまり天《ウラノス》のあそこを大鎌でちょんぎってしまった。

智　ひぇー！　痛そう！

愛　もぉー、どこ、押さえてんの！

爺　これで、天《ウラノス》は権力を失った。そして、その代わりにクロノスが神々の王座についた。

ところが、このクロノスもいけない。クロノスのほうは、妻のレイアが産む子供たちを、次から次へと自分で飲み込んでしまうのだ。それは、自分の子供に権力を奪われたくなかったからなんだが。

智　勝手だね。自分は、おやじをやっつけておきながら。

爺　たしかに。ところが、今度も大地《ガイア》が懲《こ》らしめようとしたな。レイアが**ゼウス**という息子を産んだとき、大地《ガイア》はその子を山奥の洞窟のなかに隠した。そして、そのかわりに、岩に産着《うぶぎ》をかけてそれをクロノスに差し出した。すると、クロノスはそれを、生まれたばかりの子供と勘違いして、パクリと飲み込んでしまった。

智　すり替え作戦、みごと成功だね。

爺　やがて時がたち、隠されていたゼウスは立派に成長した。そして、知恵と力を尽くして、父親のクロノスをやっつけた。クロノスは、飲み込んでいた子供たち、つまり神々を吐き出した。大地《ガイア》に押し込まれていた神々も解放された。彼らは、ゼウスに感謝し、そのしるしに「雷電《らいでん》」を贈った。そして今度は、ゼウスが神々の長《おさ》となった。

…さて、ここで大切なことは、当時のギリシャ周辺の世界を見渡すと、ギリシャ神話だけでなく、ほかにもいろいろな神話があったということだな。

愛　「いろいろな神話」って、どういうこと？

爺　エジプトには**エジプトの神話**、メソポタミアにはメソポタミアの神話…、ということだ。

智　エジプトの神話にも、ガイアとかゼウスが出てくるの？

爺　いや、もちろん、出てこない。そこだ、大切なのは。ストーリーが全然ちがう。たとえば、古代エジプトにはこんな神話が伝わっていたらしいな。

…世界のはじまりのことだ。アトゥムという神が現れた。この神が世界を創り出す。創られたのは大気の神シューと湿気の神テフヌト。シューは男神で、テフヌトは女神。そして、このふたりが結婚して、大地の神ゲブと天空の女神ヌートが生まれた…。

愛　ふぅーん。あまり聞いたことのない名前…。こっちのほうでは、天空の神は女神なの。

爺　…でだ。ともかく、神話というものが、世界のはじまりについて、何かしら説明しているということはわかるか？　神話が、「世界のおおもととは何か」「世界はなぜあるのか」について説明していることがわかるかな？

愛　うーん、いちおうね。説明らしきもの…、というところかな。

爺　そのとおり。説明しようとはしておる。ワシら現代人には納得できないかもしれんが…。そして、またその説明というのが、神話によって相当ちがっておる。

愛　バラバラ…みたい…。

爺　ところでだ、もしこういった神話どうしが衝突したとしたら、どうなるかな？

智　「衝突」って、戦うこと？

愛　神話どうしが戦うと、強いほうが勝つのかな。でも、「強い」ってどういうこと？　「正しい」説明っていうことかな？

爺　そこなんだな、肝心なのは。地中海を行き来して商売をしていたギリシャ人たちは、いろんな国の人々と接触することで、別のいろんな民族のさまざまな神話にも接触していたのではないかな。そして、自分たちの神話と別の民族の神話とを比べて、どちらが「正しい」のかとか、いろいろ考えていたのではないかな。

愛　どっちが「正しい」といわれても…。うーん、困っちゃうな。

智　どっちもマチガイ！　みんな自分勝手に神話をデッチあげてたんだよ。

爺　そういっては身も蓋《ふた》もない。たしかに神話だからなぁ。

ところが、たしかに、**クセノファネス**（前５７０頃～前４８０頃）というギリシャの哲学者は、こんなことをいっていたな。「エチオピア人たちは自分たちの神々が平たい鼻で色が黒いと主張し、トラキア人たち

（＝バルカン半島東部の人たち）は自分たちの神々の目は青く髪は赤いと主張する」（『ソクラテス以前哲学者断片集』274頁）、なんてな。

智　やっぱり！　ぼくと同じ意見。

爺　そのクセノファネスという人は、外国の神話だけを批判したのではない。じつは、その批判は、自分たち、つまりギリシャ人、そしてギリシャ神話にも向けられておったからな。たとえば、クセノファネスは、「偉大なる神」がクロノスやゼウスのように父親に刃《やいば》を向けるわけがない、ともいったな。

愛　そういってしまうと、そうかもしれないけれど…。

智　ようするに、神話は全部ダメなんだ。ギリシャ神話もエジプト神話も、それから…。

爺　これは、ワシの考えなんだが…、それで、神話に頼らないで、「世界のおおもと」とか、「世界のはじまり」について語ろうとする人々が現れてきたのではないかな。

智　ふぅーん。

爺　じつをいうと、それが**哲学**というもののはじまりなのだ。

愛　もう神話を使わないで、「世界のおおもと」とか、「世界はなぜ**ある**のか」について説明しようとするの…ね。

爺　そういうこと。
とりあえず、最初の**哲学者**を紹介しておくか。**タレス**（前620頃～前555頃）という人だ。タレスは**イオニア地方のミレトス**という町の出身だ。

愛　イオニア地方のミレトス？

爺　イオニア地方とは、小アジア半島、つまり現在のトルコの西海岸地方のこと。だから、ギリシャ本土ではない。そこにはギリシャ人がつくった植民都市がいくつかあったのだが、ミレトスもそのひとつだな。
　イオニア地方は、ギリシャ本土から離れていて、異文化をもった東方にも近く、宗教的に本土よりも自由だったらしい。
　で、タレスは、万物の**アルケー**は「**水**」、といったのだ。

愛　アルケー？　それ、何のこと？

爺　アルケーというのは、ギリシャ語で、「おおもと」「始源」「原理」「根拠」といったことだな。

智　すべての物のおおもとが「水」？　よくわかんないな。

爺　じつは、ワシにもよくわからん。いったいぜんたい、なんで「水」なのか。なにせ、あまりにも昔のことだからな。だが、彼が「水！」といったことだけはまちがいないらしい。

愛　うーん（…ヘレン・ケラーじゃないな、水《ウォーター》といっても…）。

爺　だがな、ワシの推測するに、こういうことではないかな…。
　…「世界のおおもと」は「水」だ。「世界のはじまり」には、ただ「水」ばかりがあった。上も下も右も左もいたるところ、存在したのは、ただ「水」だけ。
　だが、この「水」からすべての物が生じたんだな。というのも、「水」というものは千変万化《せんぺんばんか》、何にでもなれるから。たとえば、「水」にはかたちがないな。ということは、どんなかたちにでもなれるということ。丸くもなれれば、四角にもなれる、三角にも、それから…。

愛　たしかに。容れ物次第…だけど。

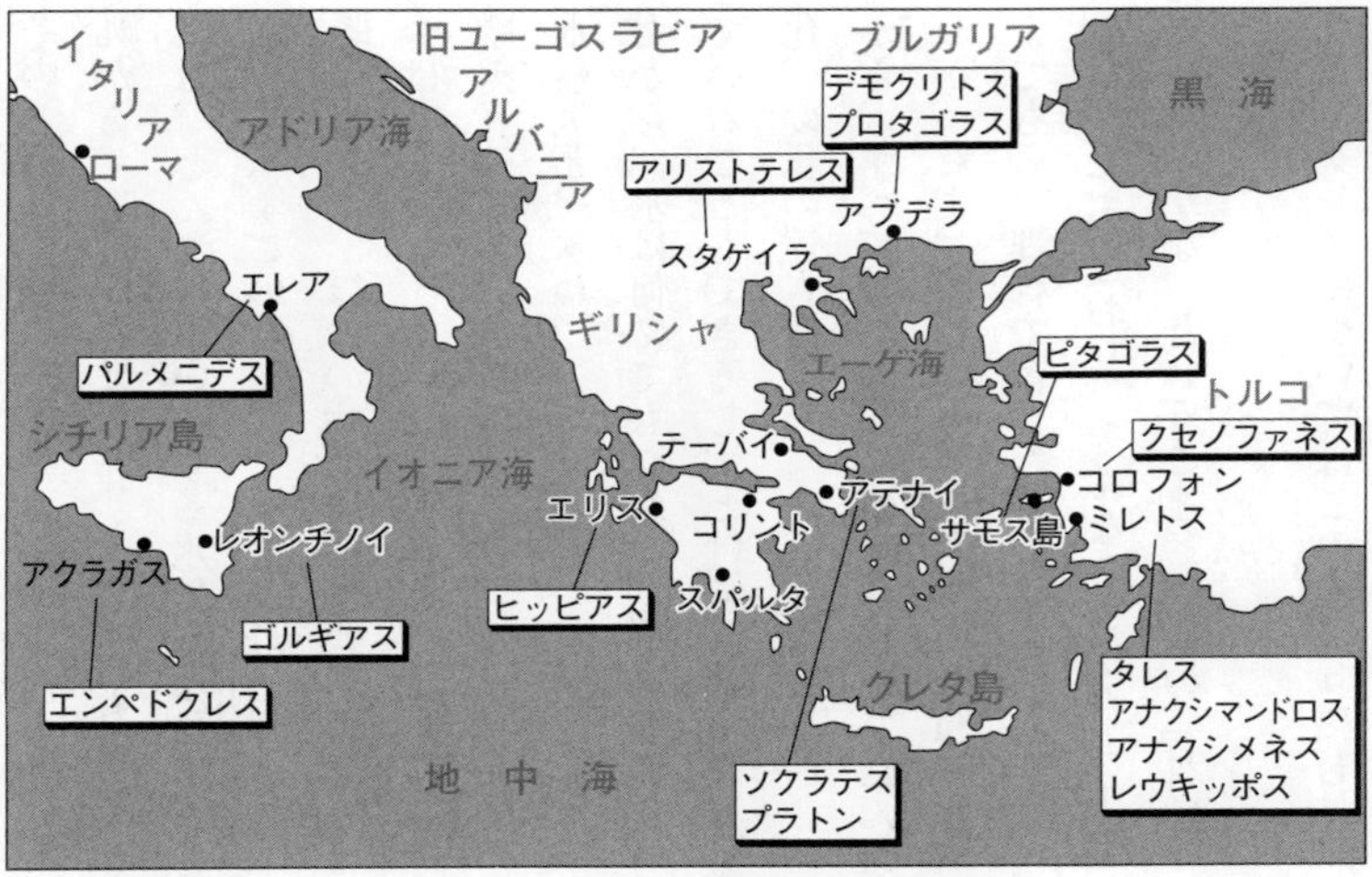

古代ギリシャ世界と思想家の出身地

爺　そのとおり。だから、どんなかたちの物にも変化できる。それから、「水」には色も味もにおいもない。ということは、どんな色の水にもなれる、どんな味の水にもなれる、どんなにおいのする水にもなれる、ということだな。

智　水って、すごいね。

爺　そうなのだ。ほかの物では、けっしてこうはいかんぞ。じつは、もっとすごいことがある。それはこういうこと。水はふだんは液体だが、熱くなれば気体になるし、冷えれば固体にもなる。

愛　水蒸気と、氷ね。

爺　だから、水は何にでもなれる。形態も変えられる、色も味もにおいも変えられる、堅い固体としてじっとしていることもできるし、とけて流れることもできるし、気体になって宙を舞うこともできる。つまり千変万化、変化《へんげ》の達人だ！　だから、すべてのものが「水」から生じたんだな！　わかったか、おまえたち！

智　わかったよ、おじいちゃん。すごいね、水ってのは！

愛　…でも…。理科で習ったのとは全然ちがう…。

爺　（大笑）そのとおり。そんなことは百も承知。ここまでのワシの説明は、たぶんタレスさんはこう考えたんじゃないかな、ということ。現代の「科学」とは全然ちがう。

愛　なるほど。

爺　まぁ、タレスについてはこのあたりにしておこう。

次は**アナクシマンドロス**（前６１１頃～前５４７頃）だ。この人もまた**ミレトス**の出身で、タレスの弟子だな。

さて、このアナクシマンドロスは、万物のアルケー、つまり始源・根源は、「**ト・アペイロン**」だといった。

智　何それ、ト・アペ…って？

爺　「ト・アペイロン」というのは、ギリシャ語で、「限定されていないもの」「規定されていないもの」という意味だな。

愛　じゃ、先生のタレスの「水」とはちがうの？

爺　そうだ。ちがう。…だがな、ある意味では、先生の説を引き継いでいるともいえるな。

愛　「引き継いでいる」？

爺　それはな、こういうことだ。

さっき、タレスのところで、「水」というアルケーからこの世の物のすべてが生じた、といったな。

智　うん。

爺　だが、この世には「火」というものもあるな。「火」も「水」から生じたのかな？

智　ちょっと苦しい、…というか、かなり苦しい感じ。

爺　そうだろう。タレスが「水」というものに着目したのは、たしかにすばらしい。しかし、何でもかんでも「水」から生じたというのは、いくらなんでも無理があった。ところで。「水」には特定のかたちがなかったな。

智　そうだよ。器《うつわ》次第だからね。

爺　色、味、においについてもそうだった。それに、かならずしも「液体」と限定することもできなかったな。

愛　うん。気体にも、固体にもなれるから。

爺　ということは、「水」は、かたちも、堅さも、「限定できない」「規定できない」わけだ。そこで、おそらく、アナクシマンドロスは、特定の物質である「水」を捨ててしまって、「限定されないもの」「規定されないもの」というのをイメージしたんじゃないかな。

愛　なるほど。

爺　こういうのを「一般化」というんだな。

愛　「一般化」…ね。

爺　さて、アナクシマンドロスは、世界のはじまりについて、こんなことをいっておった。…世界の最初にはただト・アペイロンばかりがあった。いっさいがト・アペイロンで、ほかには何もない。さて、このト・アペイロンが運動を始める。すると、ト・アペイロンが2種類に分かれてくる。「熱い」ト・アペイロンと「冷たい」ト・アペイロンだな。

智　「熱い」ト・アペイロンと「冷たい」ト・アペイロン？

爺　そう。で、この「熱い」ト・アペイロンがやがて「火」になる。一方、冷たいト・アペイロンは、乾いたものと湿ったものに分かれる。冷たくて乾いたト・アペイロンと、冷たくて湿ったト・アペイロンだな。それで、冷たくて乾いたト・アペイロンがやがて「空気」になってゆく。すると、残っているのは、冷たくて湿ったト・アペイロンということになるな。だが、これもやがて2つに分かれて「水」と「土」になる。

智　ふぅーん。なんか、入り組んでるね…。頭がこんがらかってきちゃった…。

爺　これで、ト・アペイロンから「火」「空気」「水」「土」が出てきたな。これが古代ギリシャの4つの元素だ。そして、この4つの元素が、いろんな割合で混合し、さらに太陽の熱なんかもはたらいて、万物が生まれてきた。

愛　はぁー。

爺　これだけではない。アナクシマンドロスは、世界のはじまりだけではなく、なんと世界の終わりについても語っておった。

智　未来の予言までしていたのか。

爺　そういうところだ。

…ところで。ふつう、物が乾燥するとボロボロとくずれてゆくな。

智　そうだよ。泥だんごみたいにね。昆虫も干《ひ》からびると、ボロボロになるね。

爺　そう、バラバラ分解してゆくな。じつは、この世の終わりもそうなってゆくというのだ。

…世界の終わりではな、まず太陽の熱で海が干上がってしまう。それから大地も乾いて、乾き切って、それで地上の生き物も、みんな死んで干からびてしまう。

智　ほんとにそうなるの?

愛　まぁさか。ただの予言でしょ。

爺　しかし、これが**コスモス**の「定め」なのだな。

愛　「コスモス」って、宇宙のこと？

爺　そうなのだが、もともとは宇宙という意味ではなかったのだぞ。

智　へぇー、そうだったの。

爺　コスモスは、もともと、「秩序」という意味だった。ところが、アナクシマンドロスがはじめて、「秩序ある宇宙」「秩序に従っている宇宙」という意味でのコスモスを確立した。アナクシマンドロスが「コスモス」を「発見」した、ということだな。

智　ふぅーん。「秩序ある宇宙」ね。

爺　じつは、これは大事なことだ。

智　大事って、どうして？

爺　宇宙が秩序に従っているということは、いい換えると、太陽は、毎日、東から昇るとか、1日は、かならず24時間であるとか、そういうことなのだ。

愛　うん。

爺　たまたま、ある日、太陽が西から昇ったり、1日が23時間だったりすることはないな？

智　そうだよ。当たり前じゃない。

爺　ここが大切なところ。ここが、それ以前の神話的な世界観とちがうところなのだ。

愛　どうして？

爺　たとえば太陽が神様だったとしよう。ギリシャなら**アポロン**神で、日本なら**天照大神**《アマテラスオオミカミ》か。さて、神様にはご機嫌が悪いときもあるし、また逆にいいときもあろうな？

愛　まぁ…。神様が何をお考えなのか、ワタクシには全然わかりません。

爺　もし太陽が神様だったら、機嫌が悪くて、日の出が遅れるなんてこともあるだろう。

智　たしかに、あるかもしれない。

爺　太陽がときどき西から昇ったりしたら、どうだ？

愛　「秩序」がない。

爺　そうなのだ。「秩序（コスモス）」がない。だから、神様のきまぐれしだい、行き当たりばったり、ということになってしまう。

昔々、古代ギリシャでは雷（＝神鳴り）があると、それはゼウスの怒りと考えられたな。ゼウスは、何か機嫌が悪くなると、地上に雷を落とすのだ。

「ピカッ！　ゴロゴロ！」、「ひぇー、くわばら、くわばら、ゼウス様のお怒りじゃ！」という次第。

智　何でゼウスが怒ったの？

爺　そんなことは人間にはわからん。とにかく、お怒りだからお怒りなのだ。

愛　手がつけられない、ね。

爺　だが、アナクシマンドロスはゼウスのせいにはしなかった。そこが新しいところだな。まさに哲学だ。

アナクシマンドロスによれば、こんなところだ。

…風が、雲に包まれて、そこから脱出しようとして雲を切り裂くとき、その衝撃で音がとどろき、雲の裂け目が光り輝く、とな。

智　ふぅーん。

愛　あら、変。雷って、電気じゃなかったの？

爺　（笑）そのとおり。アナクシマンドロスの説明は、現代の「科学」に照らせば、たしかにまちがっておる。だが、買ってほしいのは、もうゼウスをもちださないで、何とか雷の発生を説明しようとしておるところだ。

愛　努力は買います。でも…。やっぱり「電気」だと思うけど…。

爺　さて、アナクシマンドロスの弟子で、やはりミレトスの**アナクシメネス**（?〜前500頃）というのがおる。彼の場合、アルケーは「**空気**」だ。

智　えっ、またちがうの？

爺　じつは、そこがまた大切なのだ。

智　何が大切なの？

爺　先生と弟子の考え方がちがうというところだ。教えを受けた、尊敬すべき先生の学説を、いわば「批判」しておるところさ。これこそ、まさに「哲学」だ。この「批判」こそ、哲学の哲学たるゆえんなのだ。

智　「批判」が？

爺　そう。哲学であって、もう宗教ではない。

智　ふぅーん。

爺　「水」「ト・アペイロン」「空気」なんぞ、現代科学を知っとるワシらにすれば、アホらしいと思われるかもしれん。

しかし、なのだ。タレスたちは神話を脱却しようとしておった。そして、そこにはすでに「批判」の精神が芽生《めば》えておった。これは、じつに画期的なことだったな。

愛　うーん、何か、深い意味が込められているような…。

爺　21世紀でも、教祖様の「お言葉」をそのまま鵜呑《うの》みにしたり、千年以上前にまとめられた教典、聖典に書き記されていることがすべて真実だと信じる人々がたくさんおる。

愛　たしかに。

爺　だが、タレスたちがはじめた「哲学」といういとなみは、それとはちがうのだ。

② ピタゴラス——万物の原理は数である

爺　次は**ピタゴラス**（前6世紀）だ。彼は、小アジア半島の近くにあるサモス島の出身だ。

愛　また、万物の始源（アルケー）がちがうの？

爺　そのとおり。ピタゴラスは、万物のアルケーを「**数**」と考えたといわれておる。

智　「数」？

爺　…で、ちょっと注意してほしいのだが、この場合、アルケーといっても、「始源」ではないな。「原理」という意味でいわれておる。

愛　ピタゴラスって、名前は知ってる。「ピタゴラスの定理」を習ったから。これ、ピタゴラスが見つけた定理なんでしょ？

爺　何ともいえんな。ただ、その時代に「ピタゴラス教団（ピタゴラス派）」というのがあって、その教団のなかではこの定理は知られていたようだな。

智　「教団」？　宗教なの？　じゃ、ピタゴラスは教祖だったの？

爺　そう。たしかにピタゴラスは、まず第一に宗教的な人物だったな。だから、ピタゴラス派が研究していた**数学**は、「数学」といっても、おまえたちが学校で習っとる数学とはちょこっとちがう。

愛　どうちがうの？

爺　「特別な数」というものがある。たとえば、「7」がピタゴラス教団では珍重されておったな。まずは、人の頭部にある穴を数えてみなさい。

智　穴の数か…。えっーと、目が2つ、耳が2つ、鼻が2つで、口がひとつ。だから、全部で7つ…。そうか！

爺　惑星の数もそうなのだ。太陽、月、火星、水星、木星、金星、土星。やはり7つ。

智　太陽や月も惑星なの？

爺　この時代の人たちは、太陽も地球の周りを回っていると思っておったのだ。

愛　あら？　これよく考えたら、曜日と同じ。おもしろい。

爺　それだけではない。胎児《たいじ》が完成するのに7週間、乳児が生活力をもちはじめるのは7ヶ月目、乳歯が抜けるのが7歳のとき、おなかのなかの内臓も7つ…。

智　うーん。なんか、こじつけも混じってる気がするけど…。まぁ、いっか。

爺　ピタゴラス派は数学だけでなく、**音楽**も研究していたらしい。

智　音楽？

爺　じつは音楽は数学と関係があるのだ。

愛　いまの話って「数学」だったの？

爺　まぁまぁ、それはさておき、音楽との関係はこういうこと。弦楽器を考えてみよう。ギターでもヴァイオリンでも琴でもいい。弦の長さを変えると音の高さが変わるだろう。

智　そうだよ。

爺　たとえば、弦の長さを半分にすると、1オクターブ、音が高くなるな。

智　うん。

爺　それは、たとえばドレミファソラシドで、下のドから上のドまであがるということ。これを音楽の用語で「8度」という。ド《1》レ《2》ミ《3》ファ《4》ソ《5》ラ《6》シ《7》ド《8》で、全部で8つだろう。

智　うん。たしかに8つだね。

爺　弦の長さの比で2：1は8度ということだな。これは、弦の長さを2倍にしたり半分にすると、音が8度分、低くなったり高くなったりする、ということだ。では、今度は5度、たとえばドとソの関係について考えてみよう。すると、弦の長さの比で3：2となる。これは、弦の長さを1・5倍にすると5度下の音になり、2／3の長さに短くすると5度上の音になる、ということだ。それから、4度、つまりドとファは、弦の比では4：3だ。これは、弦の長さを1・3倍すると4度下の音になり、3／4に短くすると4度上の音になる、ということだ。

智　ふぅーん。音楽って数と関係があるんだね。

爺　そうだ。だから、ピタゴラス派は、数学も音楽も研究していたんだな。で、これだけではない。さらにまた、ピタゴラス派は**天文学**も研究していた。

智　すごいね。いろいろと。

爺　さて、このあたりまでは学問の話。ここからは、ちょっとアヤシイ宗教の話に移ろう。

愛　ここまででも、十分あやしかったけど。

爺　ピタゴラスは「輪廻転生《りんねてんしょう》」、つまり生まれ変わりを信じておった。

愛　「生まれ変わり」？

爺　いま、ワシらはたまたま人間として生きておるな。だが、前世では犬だったかもしれないし、来世では深海魚になってしまうかもしれん。

智　ゲッ、深海魚!?

爺　ところが、いちばん最初、ワシらの魂は、天の世界の不死の神々のもとにあった。だが、何かの罪を犯して、ワシらの魂は地上に落ちてきて、猫だとかネズミだとかの肉体、汚らわしい肉体のなかに閉じ込められてしまった。しかも、ひとつの肉体が老い衰えて朽《く》ち果《は》てても、魂はまた別の肉体のなかに閉じ込められてしまう。天上に戻るというのは、容易なことではない。

このことをピタゴラス派は「**肉体は墓（＝牢獄）である**」と言い表していたな。たいへん有名な言葉だ。これは、ギリシャ語では、語呂合わせでな、「肉体（ソーマ）は墓（セーマ）」、となる。…おもしろいだろう。

愛　ギリシャ語で、でしょ。

智　「肉体は牢獄」か。どうしたら、その牢獄から出られるの。死ねばいいの？

愛　死んだってダメ。生まれ変わるだけなんだから。また別の肉体のなかに閉じ込められるだけだって、おじいちゃんがいってたじゃない。

智　そうか…。

爺　そうなのだ。輪廻を脱して天に戻るためには「**浄め**」というものが必要なのだ。まぁ、修行のようなものだな。

智　滝にうたれて、「浄め」たりするの？

爺　似たようなもんだが、ちょっとちがうな。まず肉食はいかん。菜食せねばならん。

智　それは、苦しい…。トンカツも、牛丼もダメか。ぼくには無理。

爺　生き物は生まれ変わる。すると、ご先祖様がいまは牛や魚になっているかもしれん。それをうっかり食べてしまったら、罪に罪を重ねることになるな。おぞましいことだのぉ。それでは輪廻《りんね》を脱することなど、到底できはせん。

愛　はぁ。…生まれ変わるとすれば、でしょ？

爺　ほかにも、ピタゴラス教団にはいろいろ戒律があったらしい。そら豆を食べてはならない、公衆浴場に行ってはならない、パンを裂いてはならない、…。

愛　なんなの、それ？

爺　…それからだ。さっきの話だが。数学、音楽、天文学を研究せねばならん。

智　それも「浄め」のためなの？　変な宗教だなぁ。数学の勉強が修行なの？

爺　ここは、よくよく考えてみるのだ。ちと難しいところだから…。

この世の物はみな、いずれ朽ち果てるな。かたちある物はこわれ、生きているものの肉体は老い衰え、やがては朽ち果てる。ところが、天上の神々は、永遠不死なのだ。永久に変わらないのだ。いいか？

愛　「神々は不死」ね…。いいってことにしておきましょう。

爺　数学の真理も永遠不変なのだ。たとえば、ピタゴラスの定理は永遠不変だな。そして「2＋3＝5」ということも永遠不変だろう？

愛　それは、そう。

爺　それから、弦の比についても不変なのだ。弦そのものは物質だから、いずれ切れてしまうかもしれん。けれど、2：3が5度とか、3：4が4度ということは不変じゃないか？

とにかく、こういう「永遠不変」の真理を研究することが、輪廻を脱して、「永遠不死」の神々のところへ戻るために役に立つ、と考えていたらしいな。

愛　そういうことだったの。まぁ、話がつながるといえばつながるような気もするけど、何かヘンチクリン、…やっぱり…。

③ パルメニデス——あるものはある、あらぬものはあらぬ

爺　**パルメニデス**（前515頃〜前445頃）はイタリアのエレアの人だ。そのせいか、これまでの連中と

はちょっとちがうな。しかも、たいへん重要な人物で、影響力は甚大《じんだい》だ。

パルメニデスは、タレスをはじめとするミレトス学派というか、イオニア学派の人々をきびしく攻撃して、哲学の世界にたいへんなショックを与えることになる。

智　哲学の世界にショック、か。ふぅーん。

爺　パルメニデスはいっておった。「〈**ある**〉ものは〈**ある**〉」。〈あらぬ〉ものは〈あらぬ〉。〈あらぬ〉ものについては「知ることもできなければ、語ることもできない」、とな。

智　えっ？　何だ、それ？　呪文みたい。

愛　そりゃ、あるものはあるし、ないものはないでしょ、当然。

だけど、この言葉が、タレスたち、ミレトス学派に対する批判になるの？

爺　なるんだな、これが。

たとえば、アナクシマンドロスを例にして考えてみよう。アナクシマンドロスの場合、この世の最初にあったのは、ただト・アペイロン（無限定なもの）だけ。ほかには何もない。ところが、このト・アペイロンが動き回っているうちに、熱いト・アペイロンと冷たいト・アペイロンに分かれてきた、といったな？

愛　そうだった（↓12頁）。

爺　そして、その熱いト・アペイロンが「火」になってゆく。また、冷たくて乾いたト・アペイロンが「空気」になってゆく…。

愛　うん。

爺　さて、よくよく考えてみよう。ト・アペイロンはだんだん熱くなっていって、「熱いト・アペイロン」

になるな?

智 うん。

爺 その「熱いト・アペイロン」は「ト・アペイロン」で〈ある〉な?

智 そうだよ。

爺 その「熱いト・アペイロン」が、もっともっと熱くなって「とてつもなく熱いト・アペイロン」になるんだな?

智 そうだよ。

爺 で、ついには「火」になるんだな?

智 うん。

爺 では、「とてつもなく熱いト・アペイロン」は「火」で〈ある〉な?

智 そうだよ。

爺 だが、「とてつもなく熱いト・アペイロン」は「ト・アペイロン」でも〈ある〉な?

智 そうだよ。むちゃくちゃ熱くても、しょせんト・アペイロンなんだから。

爺 すると、「火」が「ト・アペイロン(無限定なもの)」で〈ある〉、ということになってしまうんだが、どうかな?

智 ありゃりゃ! 何か変だぞ!? 「火」は、無限定なものじゃないんだから…。

愛 たしかに。「火」は、「熱いもの」として限定されているから。…でも、何か変…。

智　たしかに、何か変だ。

爺　そうなんだ。理屈なんだな。現実とは何か食いちがっているような気がするんだが。少なくとも「理屈」のうえではパルメニデスには抵抗できん。

愛　おそるべし、パルメニデス…。

爺　それから、パルメニデスはこうもいっていたな、「〈存在〉は**不生不滅**《ふしょうふめつ》、不変不動」と。つまり、〈ある〉というのは、生まれることもなければ、滅びることもない、変わることもなければ、動くこともない、とな。〈ある〉とは、あくまで〈ある〉だからな。

智　いったいどうしたらいいの？　わけわかんないよ。

④多元論者たち――万物の根源《アルケー》はひとつではない

爺　えらいことになってしまったな、パルメニデスのおかげで…。このパルメニデスというのはとんでもないヤツでのぉ。喉元《のどもと》にひっかかった骨のようなものだ。

愛　…たしかに。

爺　しかし、手をこまねいているわけにはいかん。これでは、タレスたちミレトス学派3人の努力が水の泡になってしまう。

そこで、**多元論者**という人たちが現れて、この問題の解決をはかろうとしたんだな。多元論者たちは、パルメニデスの批判を認めつつも、ミレトス学派の研究を生かそうとした。

智　そんなことできるの？

爺　できる。ちとアイデアが必要だが…。
たとえば、いきなりアルケー、つまり始源・元素が４つあったことにする。「多元論」というのは、元素（アルケー）が多い（つまり、ひとつではない）ということだ。

愛　いきなり４つ、最初から？。

爺　そういうこと。たとえば、シチリア島のアクラガスの人、**エンペドクレス**（前４９０頃〜前４３０頃）によると、この世のはじめから、「火」「空気」「水」「土」の４種類の元素があった、とな。
そして、この「火」も「空気」も「水」も「土」も、みんな「不生不滅」なのだ。四元素は、突然生まれてきたり、消滅することはない。そして変化もしない。「空気」が「火」になることはない。「空気」は「空気」のままだ、永遠にな。「水」が「土」になることもない。「水」は「水」のままだ、この世のはじめから終わりまでな。

愛　「不生不滅」…。パルメニデスの言葉づかいみたい。

爺　そう。パルメニデスに気をつかっとるのよ、エンペドクレスは。
…で、ただあるのは、四元素が、いろんな割合で混じり合ったり、そしてまた、その混合したものが分離したりすること。これで、この世の現象がすべて成り立っておる。

智　四元素の「結合」と「分離」か…。

爺　そのとおり。だから、たとえば、「骨」というものはな、３つの元素、「火」「水」「土」が４：２：２の割合で混じり合って、できたものなんだな。

愛　えっ、それは、ちがうんじゃない…。骨は、だいたいリン酸カルシウム（$Ca_5(PO_4)_3OH$）だから、えーと…、「酸素」「カルシウム」「リン」「水素」が13：5：3：1の割合で結合したもの、かな。

爺　（無視して）…それからな。エンペドクレスのすぐれたところは、四元素を結合させたり、分離させたりする力を導入したことだ。いまの言い方をすれば、「引力」「斥力《せきりょく》」というものを導入したことだ。

智　引力と斥力か、すごいね、エンペドクレス。

爺　エンペドクレスは、この2つの力を、「**愛**」と「**憎しみ**」、と呼んでおった。「愛」が引力、つまり元素どうしを結びつける。そして「憎しみ」は斥力。だから、元素どうしを分離するということだな。

愛　「愛」と「憎しみ」っていう言い方だと、ちょっとピンと来ないけど。…電気や磁石の引力・斥力のことを思い浮かべればいいのかな。

爺　まぁ、そんなところだ。

愛　さっきはケチをつけたけど、だんだん化学の授業で習ったことに似てきた感じ。

爺　ほほぅ、よく気づいたな。

愛　だって、原子は1種類じゃなくて、たしかに、「スイヘーリーベ（水素、ヘリウム、リチウム、ベリリウム）…」っていうふうに、たくさんあったし。

　それから化学反応っていうのは、たしか電気の力が関係していたでしょ。それで、プラスとマイナスは引き合うけど、プラスどうし、マイナスどうしだと、しりぞけあう…。

爺　そういうことだ。だから、パルメニデスが批判してくれたおかげで、かえって理論は、よりいっそう隙《すき》のないものになることができた、ということもできるのだ。

智　おそるべし、パルメニデス…。

〔…〕

爺　そして、ついに**原子論**者たちが登場した。ミレトス出身の**レウキッポス**（前5世紀）と、その弟子で、アブデラ出身の**デモクリトス**（前460頃～前370）という人だ。

「**原子（アトム）**」という言葉がはじめて現れた。「原子」は、いまでも科学でよく使われている大切な用語じゃないか?

智　「原子」は、化学の授業で、うんざりするほど出てきたよ。

爺　このアトムという語は、そもそもギリシャ語で、アトモン、つまり「もうそれ以上分割できないもの」という意味だ。

愛　もうそれ以上は、2つ、3つに分けたりすることができないもの、ね…。

爺　とにかく、すごくすごく小さくて、目に見えないものだ。で、このアトムは、「不生不滅」、つまり生まれることもなければ、滅びることもない。それ自体は変化しない。

愛　うーん、またパルメニデス…。

ソフィスト——人を殺してはいけないのか？

爺　デモクリトスまでやってきてギリシャの**自然哲学**はひとつのピークに達した、といってよいな。わずかな期間で、ずいぶんと理論が発展しただろう。

愛　ほんと。

爺　さて、ここで、ちと話を変えて、「**ソフィスト**」とよばれた人々の話をしよう。

愛　「人々」？

爺　そう、人々だ。たくさんいるぞ、**プロタゴラス**（前４９０頃～前４２１）とか**ゴルギアス**（前４８５頃～前３８０頃）とか**ヒッピアス**（前5世紀）とか…。

愛　どういう人たちなの、ソフィストって？

爺　ソフィストとはな、ポリスからポリスへと渡り歩いて、青年たちに弁論術《べんろんじゅつ》、雄弁術《ゆうべんじゅつ》を授けて、高額な教授料を取っていた人々のことだ。

さて、なんでこういう人々が出てきたのか、その時代背景について、ちょこっと説明しておこう。

…古代ギリシャに**民主主義**の原型があったのは、知っておるな？

愛　うん、世界史の授業で習った。「直接民主制」かな。

爺　そうだ。それから、古代ギリシャの国家が、**ポリス**、つまり**都市国家**だったのも習ったか。

智　うん。ひとつひとつの都市が、それ自体で国家なんだよね。人数はたいしたことなかったらしいけど。

爺　そういうことだ。アテネとかスパルタとかコリントとかテーバイとか、それぞれの都市がひとつの国家で、それぞれ政治制度や法律などがちがっておった。

それでな。アテネなどでは**民主制**が発達してきて、議会に成年男子が集まって、政治問題について議論して、ポリスの重要問題を決定するようになった。いい換えると、もう血筋・家柄とか、富とか、そういうものがだんだん通用しない時代になってきた。昔は、家柄がよいとか、金持ちだとか、それで幅を利かせていたものだったがな。

その議論でモノをいうのが、相手を説得する術、つまり弁論術なのだ。ポリスのなかで重要な地位を占めたいと思ったら、多くの人々を説得する術をもたねばならん。そこで名門貴族たちは、高額の謝礼を払って、自分の息子に弁論術を習得させるためにソフィストたちを招いたんだな。

智　ふぅーん。ようするに、口がうまい人たちのことだね。あんまり好きじゃないな。

爺　…さて、だ。このソフィストたちは、**フュシス**（自然）と**ノモス**（法、道徳、慣習）をことさら分けて、そのちがいを強調したりしていた。

智　フュシスとノモス？

爺　フュシスとは「自然」で、人間の手が及ばないもの、人為《じんい》とは関係ないもののこと。たとえば、太陽が東から昇るとか、ニワトリが卵を産むとか、ニンジンが赤いだとか…。

愛　で、ノモスは？

爺　ノモスは、人間が取り決めたもの、人為的なもののことで、具体的にいうと、「法」「道徳」「慣習（しきたり）」といったところだな。

だから、人の頭に髪の毛が生えるということはフュシスに関する事柄なのだが、どういう髪型にするかはノモスにかかわることだな。

腹が減って物を食べなきゃならんということはフュシスに関することだが、箸《はし》で食べるか、フォークとナイフでか、はたまた手づかみか、ということはノモスに関することだ。

愛　なるほど。

爺　で、さっきもいったように、ソフィストたちはこの2つのちがいを、ことさら訴えたのだ。フュシス（自然）は、コスモス、つまり秩序ある宇宙に関することだから、いつでも、どこでも、変わらん。太陽は、昔も今も、そして将来も東から昇る。トンビはトンビしか産まん。カエルの子はカエルに決まっておる。いつだろうと、どこだろうと、な。

自然哲学者たちが神様たちを追い払ってくれたから、もうフュシスは行き当たりばったり、神様の気分しだいということはない。だから、フュシスは普遍的なのだ、絶対的なのだ。

智　「フュシスは普遍的」…？　…「フヘン的」って、どういうこと？

爺　「普遍的」とは、いつでも、どこでも、ということだ。

智　ふーん。いつでも、どこでも、か…。

爺　ところがだ、ソフィストにいわせると、ノモス（法、道徳、慣習）は、普遍的でもなければ、絶対的でもない。

愛 たしかに、髪型には絶対これじゃなければならない、というのはないけど。

智 カレーを箸で食べたっていいんだよね。そもそもインドでは手づかみだっていうし…。

爺 そうさな、そういう「慣習」というか「しきたり」なら、まぁいいんだが。同じノモスといっても「法律」や「道徳」となると、ちょっと問題が起こってくるな。

智 たしかに、法律は絶対的でもなければ普遍的でもないかもしれん。法律は、いつでも、どこでも同じというわけではない。国によってちがうし、時代によっても…。

愛 アメリカではピストルをもっていてもいいんだけど、日本じゃダメ。

智 江戸時代は、たしか、「十両盗めば首が飛ぶ」だったんだよね。

爺 ほぉ、よく知っとるな。いまじゃ、人を殺さんかぎりは死刑にはならんな。そもそも死刑がなくなってしまった国も多いが…。

さて、問題はこれからだ。たしかにノモスはフュシスとちがって普遍的でも絶対的でもないかもしれん。だが、「殺してはならない」「奪ってはならない」「だましてはならない」っていうのは、どうかな。こういう掟《おきて》も、普遍的でも絶対的でもないかな?

愛 難しい…。たしかに、最近、平気で、人を殺したり、他人の物をとったりする人が増えてるけど…、やっぱり人殺しはいけないと思う。

爺 そうなのだ。「殺してはならない」「奪ってはならない」「だましてはならない」っていうのは、どこの国でもかならず法律のなかに入っておる。

だが、これもノモスにはちがいない、人間どうしが取り決めたことにはちがいない。フュシスとはちがう。

ということは、ソフィストにいわせれば、普遍的でも絶対的でもない、ということになってしまう。
智　うーん。そうか。でも、殺してもいい、盗んでもいい、っていうのはね…
爺　たとえば、**カリクレス**という男は、こんなふうなことをいっておった。…そもそも法律というのは、世の中の大多数を占める弱虫どもが作ったものだ。動物の世界を見よ。弱肉強食、それが自然の掟だ。強いものが弱いものよりも取り分が多いというのは、自然の理だ。なのに、人間の社会では、弱虫どもが、強い者に「殺されたくない」「奪われたくない」と脅《おび》えて、ひそひそ相談して、法律なんぞをつくりだして、これを強い者たちにも押しつけたんだ…。
智　ひぇー、すごい理屈だね。でも…、ちょっと説得されそう。さすがソフィストは口がうまいなぁ。
愛　…
智　どうしたの？
愛　たしかに、カリクレスのいってるとおりかもしれない。
智　だまされちゃだめだよ。口が達者なだけなんだから。
愛　ライオンでもそうなんだから。ライオンっていうのは、強いオスが群れを率《ひき》いているの。何頭かのメスと子供たち。でも、その群れを奪おうとしている若いオスが周りをうろうろしている。スキがあれば、やっつけて、のっとっちゃう。そして前のオスの子供たちを殺す。自分の子じゃないから。するとメスたちは発情して、また子供を欲しがる…。
智　「強いものが弱いものより取り分が多いのは、自然の理」か…。
爺　ほぉ、よく知っとるな。ハヌマンラングールというサルでも「子殺し」はある。群れをのっとったオスが、前のオスの子供たちを皆殺しにする。
それでもって、このサルっていうのは、霊長類だ。つまりワシら人間にきわめて近い種類の生き物だ。

愛　ぶるっ。何か、寒気が…。そういえば、最近こういうニュース、よく聞くでしょ。若い男と再婚したら、前の夫の子供が、その男に虐待《ぎゃくたい》されて殺されるなんて…。

智　うん。…でも人間とサルはちがうよ。

爺　だが、遺伝子はほとんど同じらしいな。チンパンジーと人間では98・8パーセント同じ。で、このチンパンジーでも子殺しはある。ライオンなどとはちがうタイプだがな。

智　うーん…。
でも、その1・2パーセントのちがいが肝心なんだよ。…きっと。

ソクラテス――「〜とは何か？」

爺　またまた、困ったことになったな。いやいや、今度はパルメニデスのときよりももっと深刻だ。人殺しに言い訳を与えるようなもんだからな。
しかしだ、救いの神というものは現れるものなのだ。いや、「神」じゃなかった、哲学者だった。**ソクラテス**（前４７０／４６９〜前３９９）だ。アテネに生まれ、アテネに死んだ、あの偉大なソクラテスだ！

智　ソクラテスが何とかしてくれたの？

爺　うむ、何とかできたかはわからん。が、何とかしようとはしたな。

愛　何とかしようとしたの。…で、どうやって？

爺　それがだ…、ソクラテスは、アテネの町中で、人々と**対話**、**問答**、**議論**をしておった。あるときは広場で、またあるときは劇場で、はたまたあるときは体操場で…。

愛　何を議論するの？

爺　これがちょっと変わっておってな。たとえば、相手に、「**友情とは何か？**」「**勇気とは何か？**」「**美とは何か？**」などとたずねて、その答えを求める、といったものだ。

愛　「美とは何か？」なの…？　たしかに、ちょっと変わってる。

ソクラテス

爺　そう。「もっとも友情にあつい人物はだれか？」「あれとこれでは、どちらが美しいか？」なら、まだわかるんだが、…ソクラテスの質問はそうではない。

愛　で、どう議論するの？

爺　延々と議論するんだな。

智　延々と？

爺　そう。延々とな。「友情とは何か」「美とは何か」を徹底的に追求してゆくのだ。

愛　で、延々と議論して、最後はどうなるの？

爺　結局、崩壊《ほうかい》してしまう。

智　崩壊？

爺　ようするに答えが出ない。

智　変なの…。

爺　ソクラテスのやっておった問答というものを、ちょこっと説明してみるか。たとえば…、「勇気」でやってみるか。

ソクラテスが、だれかに、「勇気」とは何か自分ではよくわからないんだけれども、君ならわかるだろう、などとたずねるんだ。戦争に何回も参加している有名な将軍で、いかにも勇気がありそうな人、あるいは「勇気がある」とよくいわれている人にたずねるんだ。

愛　ソクラテスは、自分にはわからないから教えてくれ、といって…。それで？

爺　たとえば、その相手から、「勇気とは、戦争のときにその場に踏みとどまって、けっして逃げないことだ」、と答えが出されるな。

…おまえたちは、この答えでいいと思うか？

智　「勇気とは、その場に踏みとどまって逃げないこと」か。…いいんじゃないかな、そんなところで。

爺　ところが、ソクラテスは、その答えではだめだ、というんだ。

智　どうして？　どこがだめなの？

爺　たとえば、スパルタ人は、ペルシャ軍との戦いで、逃げる戦法をとったことがあるからだ。いったん逃げると見せかけて、敵の隊列を崩《くず》す、そこを一気に攻める、というわけだな。…これは勇気がないか？

愛　勇気がないとはいえない…。作戦、戦法のひとつ。だから臆病《おくびょう》じゃない。

爺　だから、さっきの答えは、バツということになるな。

それに、そもそも「勇気」というのは、戦争のときだけに使う言葉ではない。政治家に勇気があるとか、海での航海のときに船長に勇気がある、などという言い方もするな。だから、さっきの答えではなおさらダメなのだ。

智　うーん…。いわれてみると、たしかに、そうだ。

爺　そういわれた相手も困ったらしいな。そこで、さんざん頭をひねった末に、代わりの答えを出してくる。それで、今度の答えは、「勇気とは、思慮ある忍耐強さである」、…これだ。

智　「シリョある忍耐強さ」？

愛　なんか、わかりにくいんだけど。

爺　仕方ないんだな。戦争のときも、政治家の場合にも、そして航海のときにも使えるようにするためだ。さっきの話でいえば、敵の隊列を崩すために逃げると見せかけるというのが、ひとつの「思慮」だな。そうしてから、「忍耐強」く戦う。

愛　ちょっとわかりにくいけど、これで正解かな？

爺　いや、この答えもソクラテスによってボツにされてしまう。

愛　どういうこと？

爺　ちょっと、ややこしいんだが…、いいか。

こういうケースはどうかな。…まもなくすごく強い味方がやってくることを「思慮」していて、さほど危なくない場所で逃げないで「踏みとどまって」戦うケースだ。これは勇気があるか？
愛　うーん…。
智　そう、かならずウルトラマンは助けに来てくれるんだ！
愛　どうしたの、突然？　ギリシャにウルトラマンなんか出てこないでしょ。
爺　だが、このケースとはちがうな。科学特捜隊のメンバーは、さしあたってウルトラマンが助けに来てくれることは全然考えないで、怪獣に立ち向かっておる。勇気ある連中だ。
智　科学特捜隊？　なんか古いような？
でも、おかしいよね、かならずウルトラマンが助けに来てくれるのに、ウルトラマンのことを「思慮」していないなんて。
愛　テレビなんだから、しょうがないの。
爺　何をいっておる！　話がそれてしまったぞ⁉
ようするにだ、ウルトラマンがかならず助けに来てくれるのがわかっているときに、かなり遠い場所から大砲を打って、その場に踏みとどまって、怪獣の侵攻《しんこう》を防いでいるとき、これは勇気があるといえるかということだ！
愛　わかった。とにかく、それは、勇気があるとはいえないということでしょ。
智　だから、代わりの答えもバツということか。
爺　…まぁ、そういうことだ。
愛　で、第一の答えもダメ、後から出された答えもダメ…。じゃ、結局、正解は何なの？

爺　正解は出ないんだな。結局、議論は崩壊だ。

智　ソクラテスは正解を教えてくれないの？

爺　ワシが最初にいっておいただろう。ソクラテスは、自分は「そういう事柄について通じていない」ので、知っていそうな人にたずねているのだと。ソクラテスは、自分がわからないから、わかっていそうな人にたずねているのだ、と。

智　そういえば、そうだった…。

愛　でも、なんか、とぼけてる。

爺　たしかにな…。これを、ソクラテスの「空っとぼけ」というんだな。

愛　そもそも相手をやりこめるために議論をふっかけているような気がする。

爺　だから、ソクラテスは厭《いや》がられることもあったな。「しびれエイ」とか「アブ」などと呼ばれたり、自分で自分のことをそう呼んだりすることもあったようだ。

愛　「しびれエイ」？　「アブ」？　たしかに変な呼び名ね。…刺すのかな？

爺　刺されてしびれてしまうように、ソクラテスに議論をふっかけられるとわけがわからなくなってしまうということだ。

…だが、そういうソクラテスの姿を目にして、ソクラテスを尊敬したり、信奉《しんぼう》したりするようになる若者も増えていった。

愛　わからなくもないけど。

智　議論で相手をやっつけるソクラテスって、かっこいい！

爺　そうだ。ソクラテスは相手の「無知」をあばいた。

智　「無知」？

爺　たとえば、「勇気」についてわかっていなかったことに気づかせた。

愛　でも、ソクラテスもわかっていないんでしょ？

爺　そのとおり。たしかにソクラテスもわかっていなかった。しかしだ、ソクラテスには自分は知らないという自覚があった。一方、相手のほうは知っていると思いこんでおった。ソクラテスは、自分がそのことについて知らないということをすでに自覚していたという点で、相手よりも賢かったのだ。

愛　ふぅーん。

…あ、そうだ。話の最初にもどるんだけど、こういうソクラテスの問答と、ソフィストがやっていたことと、どこがちがうの？　それから、ソフィストのせいで起きたノモスの危機とどういう関係があるの？

爺　そうそう、それが大切なことだった。肝心な話を忘れておったな。

ソクラテスの対話は、「勇気とは何か」、その答えを求めるものだったな？

智　うん。

爺　つまりはだ、これこそ勇気といえるもの、いい換えると、勇気の本性、勇気の本質を求める問答だな？

愛　勇気の本質？

爺　そうだ、勇気の本質だ。

ソクラテスは、だれかれなく議論をふっかけておったから、だれにとっても、これこそ勇気といえるものを追求していたんだな？

愛　だけど、答えは出ないんでしょ？「これこそ勇気」の「これ」は、結局わからないんでしょ？相手のほうが、「これこそ勇気」だ、と出してくる答えを、ソクラテスは、自分で、全部、否定しちゃうんだから。

爺　そのとおり。たしかに、答えは、出てはおらん。だが、求めてはおるだろう。ソクラテスは徹底的に追求してはおる。この人にきいてもダメなら、また別の人、というふうに、街頭でいろんな人をつかまえて議論しとるのだから。

愛　まぁ、そうだけど。

爺　つまり、ソクラテスは、いつどこでも、だれにとっても、これこそ勇気といえるもの、を求めていた。つまり、絶対的な勇気、普遍的な勇気を求めていたのだろうな。

ところでだ、この「勇気」というのは、ノモス（法律、道徳、慣習）のひとつだな。ソクラテスは、ほかにも「友情とは何か」「敬虔《けいけん》とは何か」「徳とは何か」などと対話を挑んでいたようだが、「友情」も「敬虔」も「徳」も、やはりノモスに含まれるな。

だから、ソクラテスは、たぶん、普遍的、絶対的なノモスを求めていたんだろうな。

愛　そういうこと、ね。

爺　というわけだ。だから、ソクラテスはソフィストとはちがう。なぜなら、ソフィストは、ノモスを絶対的なものでも普遍的なものでもないと考えていたのだから。

智　そうだったね。

愛　じゃ、ソフィストたちの論理では、「友情」も「敬虔」も「徳」も、地域や時代によって異なる、ということになるの？

爺　そのとおりだ。

…さてだ。さっきもいったように、ソクラテスは、議論でやりこめられた人からうらみを買うようなこともあったんだな。それで、結局、裁判にかけられることになった。

愛　たしか、死刑になったんでしょ。それだけは、知ってるの。

爺　そうなのだ。70歳になってはいたんだがな。

智　議論で相手をやっつけただけで死刑なの？　ひどすぎる。

爺　まぁ、じつはそれだけではない、複雑な事情があった。その説明をここでするのはちょっとたいへんなのでやめておくが、いろんな政治状況のからみもあったらしいな。

愛　政治状況なの、ふぅ〜ん…。

爺　ま、とにかく裁判というものが行なわれて、市民500人の投票で、死刑と決まってしまった…。

智　昔もそういうことあったんだ。

爺　といっても、死刑は、すぐには執行《しっこう》されなかった。ソクラテスは1ヶ月ほど牢のなかにいたようだ。そこには、友人たちが毎日のように面会に来ていたらしいな。じつは、その友人たちはソクラテスを脱獄させ、国外脱出させる計画を進めていたらしい。アテネの外に出てしまえば、もう大丈夫だから。

智　脱獄なんて、そんなこと、簡単にできるの？

爺　なにせ、2000年以上前のこと。お金を使えば何とかなったらしいな。

愛　ふぅ〜ん。2000年以上前だから。

爺　しかし、ソクラテスは、友人に勧められても、国外に脱出することを拒否したな。

智　どうして？　命が助かるのに。

爺　それは、国の法（ノモス）を「破壊する」ことだからだ、とソクラテスはいったのだ。ソクラテスは、死刑という判決そのものは不当だと思っていた。しかしだな。この死刑というのは、ちゃんとアテネの法律にもとづいて、しかるべき手続きで決まったことだ。だから、これはどうしようもない。ソクラテスはだんじてソフィストではない。ノモスを大切にしておった。アテネ生まれのソクラテスは外国に出たことなぞほとんどなかった。彼は、アテネのノモス、つまりアテネの法律、道徳、しきたりに育てられ、また彼も、そのノモスを気に入って、大切なものと感じていたのだ。そこんところは、ポリスからポリスへと渡り歩いていたソフィストたちとはちがうんだな。

プラトン——真実の存在はイデアである

①イデア論

爺　このソクラテスの死にショックを受けたのが、青年**プラトン**（前４２８頃～前３４７）だ。

愛　プラトンって、ソクラテスの弟子だったんでしょ。

爺　そう。プラトンもアテネの出身で、20歳の頃からソクラテスの弟子だった。そして、尊敬するソクラテスの仕事を受け継いで、**イデア**についての思想を打ちたてたな。
智　イデア論？　何なの、それ。
愛　名前だけは、きいたことがあるけど…。
爺　これを説明するのは、ちと骨が折れるんだが…。やっぱり、やらねばならんな。肝心かなめの思想だから…。
　わかりやすくするために図にしてみたぞ。
智　なんか…、変な図だね。

プラトン

爺　ちょっと見ただけでは、なんのことか、わからんかもしれんな。
　とりあえず、ひとつひとつ説明していこう。
　下にあるのが「現象界」で、ワシらのいる世界だな。ワシらが見たり、聞いたり、さわったりしている「この世」のこと。ところが、これとは別個に、**イデア界**という「あの世」がある。上のほうに書いてあるだろう。これは、別世界だから、ワシらは見ることもさわることもできん。
智　イデア界って、どこにあるの？
爺　「どこ」といってもな。「どこ」ということすらできんな。とにかく、別世界なのだ。
智　ふぅーん。変なの。
爺　それでな、このイデア界には、すべての「理想的なもの」「最高のもの」がある。

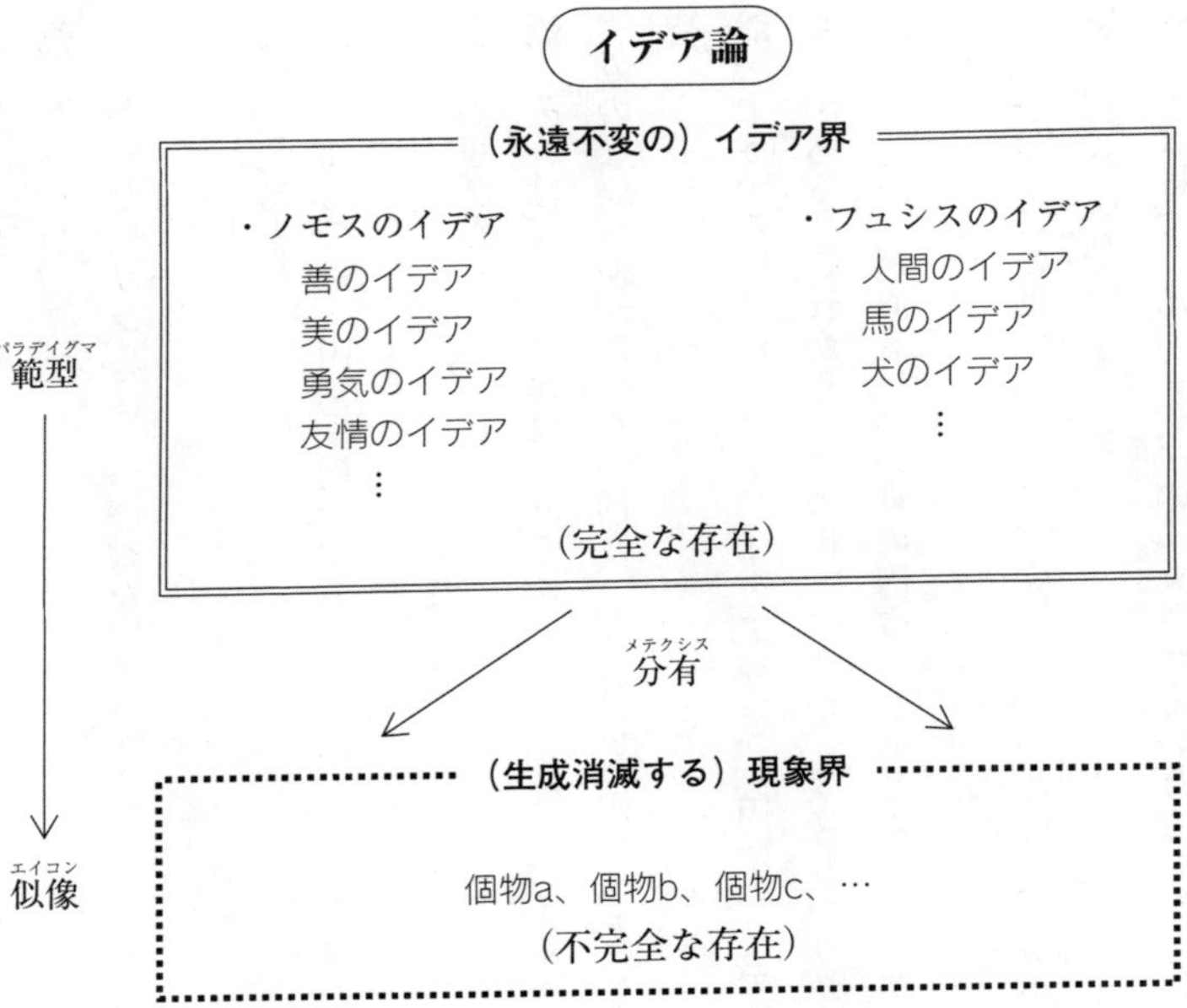

…だから、たとえば「円」のイデアなんてものもある。

愛　「円のイデア」？

爺　最高の円、理想的な円だ。本当のまん丸だ。「これこそ円！」といえるものだな。しかし、この世の円、この現象界の円には、完全なものはない。

たとえば、いまワシが、鉛筆で円を描くとするな〔…と実際に描いてみる〕。うーん、やっぱり、手書きだと、かなりいびつになってしまうな。

智　コンパス使わなきゃ、ダメだよ。

爺　そうかもしれん。だがな、コンパスを使ったら、完全、完璧な円が描けるか？

愛　どういう意味？「完璧」って？

爺　百分の1ミクロンもゆがみのない、ひずみのない円が描けるか？

愛　どんな精密な機器を使っても、全然ゆがんでいない円というのは、難しいな。

爺　だろうな。

しかしだ、ワシらは、いびつな円を見ると、それがゆがんでいる、ひずんでいるというのが、わかるだろう。

愛　たしかに。

爺　ほんものの「円」、「円そのもの」というものを見たこともないのに、どうしていびつだとわかるのだろう？

智　不思議だね。

爺　それは、イデア界に、あらゆる円の模範、お手本たる「円のイデア」があるからなんだな。まったくひずみのない、ゆがみのない円だ。「これこそ円！」といえるものだ。

智　うーん…。

爺　ようするにだな。まず、イデア界に、「円」のイデア、つまり完全、完璧な円、永遠不変の円、というものがある。それから、その影というか、映像というか、コピーのようなものとして、現象界の、つまりこの世の「円」がある。この世の円は、しょせん、イデアの影、コピーにすぎん。だから、不完全だ。本当のまん丸ではない。

しかし、この世の「円」は、完璧でないといっても…、それなりに丸い。

智　「それなりに」…

爺　それはだ、円のイデアの「丸さ」というものを分《わ》け有《も》っているからなんだな。「丸さ」を分け与えられているからだ。手書きのいびつな「円」は、「丸さ」というものをちょびっとしか分《わ》け有《も》ってはおらん。でも、コンパスで書いた円は、「丸さ」をもっともっとたくさん分《わ》け有《も》っておる。

愛　あらぁ、すごい理屈…。それなりに筋は通ってるみたいだけど。

智　どうも、いまひとつわからないな…。イデア論か…。

爺　わからんか？

…じゃ、今度は「犬」でやってみるか。

イデア界には「犬」のイデアもいるな。理想的な犬、最高の犬だ。

愛　理想的な犬？

爺　そう。「これこそ犬！」といえる犬だ。それで、この世の犬は、みんな、この「犬」のイデアの影というか、コピーしたものにすぎん。しょせん、コピーだから不完全だ。

愛　不完全な犬？

爺　ダメな犬を駄犬《だけん》とよぶのを知っておるか。

愛　うん。

爺　駄犬というのは、ただ食べることと寝ることが好き、泥棒みたいな悪い人が来ても、吠《ほ》えないで尻尾を振ってよろこぶ、そういう犬のことだ。

智　それ、うちのポチのこと？

爺　ところがな。犬のイデアはいくらでも「おあずけ」ができる。

愛　あおずけが何時間でも？　そんな犬いるの？

爺　犬のイデアというものがいれば、の話だ。

智　ふぅーん。

爺　で、この世には「名犬」というのがおるな。パトラッシュとかラッシーとか。

智　かわいそうなパトラッシュ！　ネロも！　どうして死んじゃったの？

爺　名犬は、犬のイデアの「犬らしさ」をたくさん分け有《わも》っておる。

愛　「犬らしさ」？

爺　ほかにいいようがないんだ。ちょっと我慢しておくれ。「犬らしさ」というのは、まぁ、鼻がよくきくとか、主人のいうことをよくきくとか、走るのが得意とか、そういったもろもろのことだな。それでだ。駄犬というのは、その「犬らしさ」をちょびっとしか分け有っておらんのだ。

智　少しわかってきたような気がするけど…。やっぱりポチは「駄犬」か…。

爺　イデア界には、ほかにも、いろいろなイデアがある。「善」のイデアとか「美」のイデアといったものもあるな。

智　「善のイデア」？　なんだそれ？　物じゃないよね。

爺　そう。物ではない。動物でもない。「善」という事柄のイデアだ。善のイデアは、完全な「善」、完璧な「善」、善そのものだ。いつでも、どこでも、だれにとっても「善」であるもの、それが善のイデアだ。永遠不変の「善」、「これこそ善！」といえるものだ。

この世、いい換えると「現象界」にも「善」というものはあるな。「善人」、つまり善い人がいるな。それから「善行」、つまり善い行いというものがあるだろう。

智　でも、「悪人」もいるよ。

爺　たしかに。
善人は、イデア界にある「善」のイデアの「善さ」をたくさん分け《わ》有《も》っておる人のことだ。けれども、悪人は、「善さ」をほとんど分け《わ》有《も》っておらん。
とはいえ、この世には、完全に善い人間、完璧な人間はおらん。しょせん、不完全な人間ばかりだ。ワシもおまえたちも、みんな不完全な人間だな。イデアの影、像、コピーにすぎんのだから。

愛　それは、この世には完全な人間なんて、いないけど…。

爺　それから、善人が、善人でなくなってしまう、つまり悪人になってしまうということも、現実にはあるな。

智　あるね。

爺　しかし、「善」のイデアは永遠不変だ。過去も、現在も、そして未来永劫《えいごう》、「善」のイデアは、「善」のままだ。

愛　ふぅーん。

爺　で、「美」のイデアの場合も、同じだ。

智　じゃ、美しい人は、「美」のイデアの「美しさ」をたくさん分け《わ》有《も》っている人。それから、美しくない人は…

愛　美しくない人は…？

爺　「美」のイデアをそれなりに分け《わ》有《も》っている人だな。

〔…〕

…これでイデア論（と呼ばれる思想）がどういうものか、だいたいわかっただろう。

智　うん。だいたいね。

爺　さて、問題は、イデア論とソクラテスとの関連だ。

愛　そうだった。プラトンは、先生のソクラテスの仕事を受け継いだって、おじいちゃん、いってた。

爺　では説明するとするか…。ソクラテスは対話のなかで、これこそ勇気といえるもの、これこそ友情といえるものを、ひたすら求めていたな？（↓40頁）

愛　たしか、そうだった。

爺　その「これこそ～」というのがイデアなんだな。「これこそ美」といえるものが美のイデアだ。美のイデアは、美そのものであって、いつ、どこでも、だれにとっても「美しい」もの、「美」以外の何ものでもないのだから。

同じように、「これこそ勇気」といえるものが「勇気」のイデアだ。そして、「これこそ友情」といえるのは「友情」のイデアだけだ。

智　うーん…。

愛　イデア界にイデアというものがあれば、の話でしょ。

爺　これで、ソクラテスの課題がひとつは解決したな。安堵《あんど》、安堵。

愛　解決したのかな？　安堵していいのかな？

爺　とりあえず解決したということにしておこう。安堵、安堵。

次は、ノモスの問題だな。ソクラテスがソフィストに対抗したのは覚えておるだろうな。

愛　うん。覚えてる。

爺　ソフィストたちはノモス（法、道徳、しきたり）を絶対的なものだとは考えなかった。つまり、いつどこでも通用するものだとは考えなかった。むしろ相対的なものだと考えたな。ヤツらにいわせると、ノモスは、地域、民族、時代によって変わるものなのだから、そんなに重要視しなくてもよいという。けれども、ソクラテスはそれに反発したんだのぉ。ソクラテスは、ノモスを大切なものだと考えておった。

愛　それで、国家の法（ノモス）に従って、死刑を受け入れたんでしょ。

爺　さてだ。プラトンのいうイデア界には「犬」のイデアとか「馬」のイデアといったものがある、といったな。「いる」といったほうがよいかな。生き物だからな。これは、理想的な犬、理想的な馬だ。つまりは「フュシス（自然）のイデア」だ。

イデア界、そしてイデアは、永遠不変なのだ。「犬」のイデアが齢をとって衰える、ということはありえん。理想的で完璧な犬なのだから。いつまでも若々しく元気なのだ。

同じように、イデア界にはノモスのイデアもある。「勇気」のイデア、「友情」のイデアといったものだ。これも、永遠不変だ。だから絶対的だ。だから、古代ギリシャのメロスにとっても、現代の日本のワシらにとっても、「友情」は「友情」だ！　「友情」そのものは、いつでもどこでもまったく変わらん！　大切なものだ、時代が変わろうと、国が変わろうと、な。

智　そうだね。メロスには泣けたよ、ぼく。感動したよ。

愛　『走れメロス』のメロスって、実在の人物だったの？

爺　さぁ、どうだったか？　…くわしいことは、太宰治《だざいおさむ》かシラーに訊《き》いてくれ。

とにかく、これでノモスの絶対性、普遍性が保証されたな。いつでも、どこでも、「人を殺してはならない」「奪ってはならない」「だましてはならない」「友達は大切にしなければならない」ということだ！　こういった事柄は全部、永遠不変の「善」のイデアによって保証されているのだ。

愛　もし、イデア界があれば、でしょ。

爺　これで、宿敵ソフィストどもをやっつけることができたな。カリクレスめ、まいったか！　あー、せいせいした。

愛　やっつけることができたのかなぁ？　だいたいイデア界なんて信じられない。

爺　なんと、信じられないとな!?

じゃ、よいか？　おまえたちは、美しいものを見ると、何かビビッと来ないか？　美しい山、美しい草原、美しい川、美しい海、美しい女性！

智　うん。何か、こう、胸にキュッと来るものがあるよね。

爺　そうだろう、そうだろう。それはだ、イデア界に「美」のイデアがあるからなのだ。

…じつはだ。ワシらは、昔々、前世で、イデア界にいたことがある。ワシらの魂の本来の住処《すみか》はイデア界だったのだ。

智　みんな、前世でイデア界にいたの？

爺　そうだ。

愛　なんかアヤシイ。

爺　それでもって、ワシらはみなイデア界にいたときに「美」のイデアを見たことがあるな。真の「美」、ほんものの「美」だ。それで、この世でも「美しい」ものを見ると、そこに美のイデアの面影を見るから、ビビッと来るんだな。

智　そうだったのか！　わかったよ、おじいちゃん。

愛　だまされちゃだめ。どうせ作り話なんだから。うまくできてはいるけれど…。

爺　たしかに信じられんかもしれん…。

愛　…それにしても、この話、どっかで聞いたような気がするんだけど？

爺　ほぉー、よく気づいたな。そう、たしかに前に出てきた話と似ておる。

智　なんの話だっけ？

爺　…そう、ピタゴラス派だ。ピタゴラスたちは、いっておったな。ワシらは、前世の前世で、天の世界で不死の神々と暮らしておった。ところが、罪を犯したために、魂が地上に落ちてきて、汚《けが》れた肉体のなかに宿ってしまった。以来、何度となく生まれ変わりを繰り返している、と。(↓20頁)

智　そうだね。似てるね。

爺　似てる。だから、プラトンはソクラテスの弟子なんだが、ピタゴラス派の影響も受けていたらしいな。

智　ふぅーん。ピタゴラス派の影響もか…。

爺　だから、プラトンも**数学**を重視していた。プラトンが数にこだわるのはピタゴラス派の影響だ、とアリストテレスもいっとったな。
…プラトンはアテネの郊外に「**アカデメイア**」という学校を創った。９００年間も続いた名門中の名門だな。この学園の入り口のところには、「**幾何学**を学ばざる者、入門を許さず」と掲げられていたらしい。

智　ゲッ、ぼくは門前払いされそう。幾何学はご勘弁を…。「合同」とか「相似」とかは、もうたくさん。

爺　…それからこういうのもある。プラトンは『**ティマイオス**』という本を書いた。これは、晩年の著作だな。この『ティマイオス』では、デミウルゴスという神が出てきて、この世界というか、宇宙全体を造りあげる。で、**デミウルゴス**、つまり「世界製作者」という神は、数の比に従って世界を製作したというな。

智　数の比？

爺　そう、数の比だ。デミウルゴスは、善い神でな、この世界を、数の比（ratio）に従って、つまり合理的（rational）に造ってくれたのだぞ。この『ティマイオス』の話は、あとでまた出てくるから、覚えておいてくれ。

智　うん。

爺　それからだ。ピタゴラス派は、たしか、「肉体は墓（＝牢獄）である」といっておったな？

愛　そういえば、そんなこと、いってた。（→20頁）

爺　つまりは、肉体を軽んじているというか、蔑視《べっし》しているのだ。じつは、これはプラトンもほとんど同じ。「肉体は墓（＝牢獄）である」という言葉は、プラトンの著作のなかにも何度も出てくるしな。

②プラトン主義――二世界説

爺　で、プラトンの思想は後世に絶大な影響を及ぼすことになる。

愛　えっ、あのイデア論が？　やっぱり、イデア論は、ちょっと無理だと思うんだけどなぁ…。そんなに信じた人がいたの？

爺　単純にそういうことではない。後世の人々がイデア論に単純に賛成したというわけではない…。しかし、まぁ、似たようなものか…。でだ。プラトンふうに物事を考えることを「**プラトン主義**」というな。

智　プラトン主義？

爺　そう。数（学）を重視することもプラトン主義のひとつだな。それから、肉体を軽視して魂を重んじることもプラトン主義だろう。で、おおざっぱにまとめてしまうと、プラトン主義とは、〈感覚的なものよりも非感覚的なものを重視すること〉だ。

智　「非感覚的」って、よくわからないな。

爺　「感覚的なもの」というのは、ワシらのもつ５つの感覚、つまり五感（見る、聞く、さわる、味わう、嗅《か》ぐ）に訴えてくるものだ。見たりさわったりできるもののことだ。叩けば音のするもの、なめれば味のするものだ。嗅げばにおいのするものだ。

智　じゃ、「非感覚的なもの」というのは？

爺 それは、ワシらの五感ではとらえられないもののことだ。見ることもさわることも聞くこともできず、味もにおいもないもののことだ。

智 そんなものあるの?

爺 あるぞ、魂だ、ワシらの魂だ。

愛 魂とか霊…ね。それは、たしかに見られない、さわれない…。

智 味も、においも、ない…。

爺 で、プラトンの著作のなかに、「肉体」のことに気を使ってはならん、「魂」をすぐれたものにすることに気を使え、という呼びかけがあるな。

智 「肉体のこと」って?

爺 おいしい物をたらふく食べたい、うまい酒をがぶがぶ飲みたい、きれいな衣服や靴で肉体を飾りたい、性的な欲望を満たしたい、そういったことだ。

智 じゃ、「魂をすぐれたものにする」っていうのは?

爺 内面を磨くということだ。欲望に惑わされない人間になる、勇気ある人間になる、知恵のある人間になる、悪いことを見かけたらそれをただす人間になる、そういったことだ。

愛 悪いことをただす…。

智 かなり難しそう…。ぼくには、ちょっと…。

アリストテレス
――真に存在するものは「これ」である

爺　さて、次は、**アリストテレス**（前384〜前322）だ。プラトンの弟子だな。アリストテレスは、ギリシャの北のほうのマケドニアという国に生まれた。が、若い頃、アテネに出てきて、プラトンの学園アカデメイアで学んだ。17歳で入学したという話だな。
それで、若い頃はプラトンの考えに忠実だったらしい。

智　じゃ、その頃はアリストテレスもイデア論を信じてたの？

爺　たぶんな。で、彼はじつに優秀な弟子でな。「学園の心臓」とよばれていたほどだ。

愛　「学園の心臓」、ふぅーん。

爺　だがな、プラトンが死んでからはアカデメイアを離れてな、やがてはイデア論を批判するようになった。

愛　やっぱり…。あれは、無理があると思う。

爺　かもしれんな。
アリストテレスによればだ、イデア論というのは、現実の世界からエッセンスだけを抜き取ってきて、エッセンスだけから成《な》る世界というものを頭のなかでデッチあげたものだというんだ。はじめからそんな世界は存在しないのに、そちらのほうこそ、この世の出来事のすべての原因だといっている、なんてな。

智　きびしいね…。プラトンは自分の先生なんでしょ?

爺　たしかに先生だ。だがな、まちがった説をいつまでも後生《ごしょう》大事に持ち歩いていても仕方がない。先生の説よりも、真理のほうが大切なのだ。

智　「真理」か…。

爺　「真理」を求めるのが哲学なのだ。エライ先生の言葉をそのまま受け継ぐことが「哲学」なのではない。それこそ宗教とはまったくちがうところだ。

智　きびしいんだね、哲学って…。

爺　さてと、アリストテレスがいうにはな、真の意味で存在するものはイデアではない。本当の意味で存在するものは、プラトンではイデアだったな。「あの世」にあるイデアが、本当のもの、本物だった。で、ふりかえって、「この世」のものは、イデアの影、像にすぎん。しょせんコピーのようなものだった。だが、アリストテレスではちがう。反対だ。真の意味で存在するのは、「これ」、「あれ」と指し示せるものだ。つまりは、「この人間」「この馬」「この樹木」だ。「この世」のものだ。ワシらが見たりさわったりできるもの、ちと難しい言い方をすると、「感覚的個物《こぶつ》」だ。ワシらの感覚に訴えてくるものだ。

愛　なんか、つまらない…。当たり前すぎる。

爺　まぁ、そうかもしれん。しかし、アリストテレスは、偉大な現実主義者だな。たしかに、**理想主義**者プラトンのおとぎ話のほうがワシらのファンタジーを掻《か》き立てるかもしれん。しかしだ、しっかりと現実に足を降ろすということも、やはり大切なのだぞ。

…ところで、感覚的個物は、生成したり消滅したりするな？　形ある物はかならずこわれ、生きているものはかならず死ぬな？

智　うん。

爺　いい換えると、〈ある〉→〈あらぬ〉とか、〈あらぬ〉→〈ある〉ということだな。今ふうに言うと〈ある〉→〈ない〉、〈ない〉→〈ある〉だな。だから、パルメニデスの批判にひっかかってしまう。（→23頁）

智　またパルメニデス？　やなヤツ！

爺　というわけで、アリストテレス学派は、あらゆるものの究極的な素材、材料である「第一質料《しつりょう》」というものを考えた。「質料（ヒュレー）」の「料」は、原料、材料の「料」だ。…それでもって、この第一質料は、不生・不滅、つまり永遠の存在なのだ（これで、パルメニデスの批判をまぬがれることができたな、よしよし…）。

ところで、存在するものにはすべて形というものがあるだろう。形あるいは姿あるいは構造があるな。これを、アリストテレスは「形相《けいそう》（エイドス）」とよんだ。

智　「しつりょう」と「けいそう」？　…なんか、ちょっとわかりにくいな。

爺　たしかに、ちと難しいかもしれんな…。

「形相」というのは、いい換えると、あるパターンのようなものだ。たとえば、「椅子の形相」なら、その椅子を「椅子」たらしめている、そのパターンだ。で、そのパターンがないと、もう「椅子」ではなくなってしまう。たとえば「すわれるような形、構造がある」というのも、椅子の形相のひとつだ。すわれなかったら、もう椅子じゃないからな。

愛 なるほど。…で、椅子の「質料」というのは？

爺 さしあたって、椅子の質料というのは、椅子の素材のことだから、だいたい木材だな。まぁ、金属でもプラスチックでも別にかまわんが。

で、この質料というのは、どんどんさかのぼってゆくことができるな。

愛 「さかのぼる」って、どういうこと？

爺 ちと込み入っている話だから、注意しておくれ。

智 うん。

爺 さしあたって、ある椅子の質料を木材としておく。そして、またその木材の質料は木のひとつひとつの細胞、と考えることができる。さらにその細胞の質料は、タンパク質である、と考えることができる。こんなふうに、ずっとやってゆくことができるな。

愛 じゃ、最後はどうなるの？

爺 ずっとさかのぼってゆくと、最後に、「(第一) 質料」というものに行き着く。究極の原料、素材だ。

愛 さっき出てきたものね。

爺 でだ、この形相 (形、姿、構造) が、プラトンのいっていたイデアに相当するのだ。

愛 そうなの？

智 「ケイソウ」がイデアにあたるの…？

爺 …前に、「美しい」ということについて話をしたな。覚えとるか？

愛　うん。変な話だった。

爺　そうだ。「美しいもの」を「美しいもの」たらしめていたのは、美のイデアだった。この世のものが「美しい」のは、美のイデアの「美しさ」をいくらか分け有《わも》っているから、…でしょ。

愛　だが、アリストテレスはちがう。なぜ、山が「美しい」のか、なぜ花が「美しい」のか、それはな…、アリストテレスによれば、形に秩序があって、バランスがとれているからだ、アハハハハ…。

智　均斉がとれてるっていうこと？

爺　「福笑《ふくわらい》」になっちゃ、「美しく」ないもんね。

愛　そのとおり。福笑になってしまっては、秩序に欠けるな。

爺　うん。でも、つまんない…。常識的すぎる。

〔無視して〕それに、そこそこ大きさがあることだ。小さすぎては「美しい」とはいえん。ある程度の大きさがないと、見栄《みば》えがせんからな。…《ミロのヴィーナス》なんて、けっこう大きいぞ。

智　大きいの？

爺　身長202センチメートルだな。

智　えっ？　ヴィーナスって、女の人だよね？　背が高すぎるよ。

爺　女の「人」ではない。…女神だ。

愛　女神…。じゃ、しょうがない。

爺　…うん、愛のいうとおり、たしかに、少しつまらないかもしれんな。しかし、そこがだな、アリストテレスが偉大な現実主義者たるゆえんなのだ。

アリストテレスは、先生のプラトンとはちがって、数学者というよりも**生物学**者だった。父親が医者だったせいかもしれん。アリストテレスは若い頃からいろいろな動物の解剖をやっておったという話だし。理想主義者のプラトンは、数学という学問、つまりは紙の上の学問を重視していたんだが、アリストテレスはちょっとちがったな。

アリストテレスは、「生物学の祖」ともいわれるほどで、見たり、さわったりできる生き物、ワシらの感覚に訴えてくる生物にたいへん興味をもっていた。アリストテレスには、動物関係の本が、『動物誌』『動物部分論』『動物運動論』『動物進行論』『動物発生論』というふうに、何冊もあるほどだ。

智　ふぅーん。いくつもあるんだね。「哲学者」っていうイメージと、ちょっとちがうね。

愛　『動物部分論』とか『動物進行論』って、何なの？　変なタイトルじゃない。

爺　『動物部分論』は、動物の身体の部分についての研究だ。いろんな部分の話が出ておるぞ。骨、骨髄、心臓、腎臓、脾《ひ》臓、横隔膜、血管、等々だ。これを読むと、アリストテレスが実際に解剖をやっていたことがよくわかるな。ほ乳類とそれ以外では、心臓の構造がちがうことも、ちゃんとわかっておった。たいしたものよ。

で、『動物進行論』というのは、動物の移動の仕方についての研究だな。陸上動物だけじゃなく、鳥や魚の移動の仕方についても書いてある。たとえばな、鳥の尾羽は船の舵《かじ》のようなものだ、なんて書かれとる。

第2章
古代ギリシャの思想と
ユダヤ＝キリスト教

おもな人物・キーワード

「ギリシャ」と「聖書」

ユダヤ教
「旧約聖書」
「ヤハウェ（エホバ）」

ヘレニズム
「ギリシャ文化」
「復活（輪廻）」

キリスト教
「新約聖書」「復活・来世」

世界は神によってつくられた

プラトン
『ティマイオス』
「デミウルゴス」「数の比」

アウグスティヌス
「完全数6」など

マニ教
「光＝霊、闇＝肉体（物質）」

ギリシャ文化とユダヤ＝キリスト教文化の融合

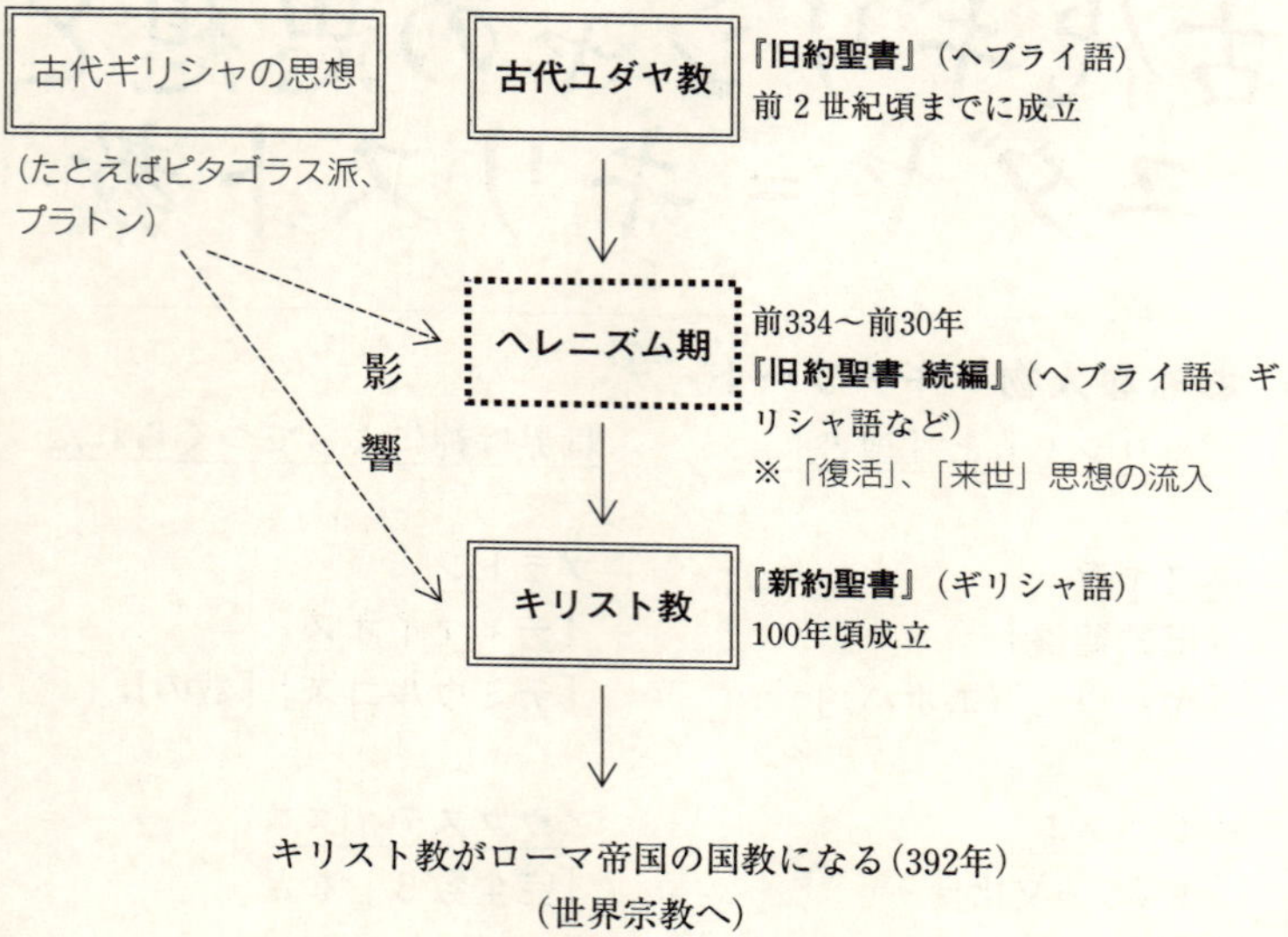

ギリシャと聖書——その概略

愛　いきなり図が出てるんだけど…。

爺　概略図だな。これからする話を、わかりやすく、図にしてみたぞ。欧米文化の2つの源は、ギリシャとそして聖書、といわれておる。

愛　ギリシャと聖書…が源泉。

爺　この2つは、もともと無関係のものだったと考えられる。しかしな、時代の流れとともに、融合というか、合体していった。左側に**古代ギリシャ**の思想をかかげてみたぞ。それから、右側が**聖書**の思想の流れだ。その一番上に古代ユダヤ教をかかげたぞ。

智　**ユダヤ教**って…、あんまり聞いたことないな。

愛　イスラエルにいるユダヤ人たちが信じている宗教でしょ。

爺　そう、イスラエルという国があるな。パレスチナ地方に。60年ほど前に作られた国だ。しかしながら、いまから3000年前にもユダヤ人はイスラエルという国をもっておった。いまとだいたい同じところにだ。

智　3000年も前に！　ほんと？

爺　『旧約聖書』にちゃんと書いてある。ダヴィデやソロモンという王様がいたな。

愛　ダヴィデ？　ソロモン？　どっかで聞いたことある。

爺　この古代ユダヤ教こそ、**キリスト教**と**イスラム教**の母胎《ぼたい》となった宗教だ。**『旧約聖書』**という聖典を作りあげた宗教だ。じつはな、キリスト教もイスラム教も、ユダヤ教から枝分かれするかたちで出現したんだな。だから、イエス・キリストはユダヤ人だし、キリスト教もイスラム教も『旧約聖書』を大切にしとる。

智　じゃ、ユダヤ教は、キリスト教やイスラム教のお母さんなのか？

爺　まぁ、そんなところだ。にもかかわらず、この親子は仲がよくないな。

それはともかく、この『旧約聖書』は、だいたいがヘブライ語というユダヤ人の言葉で書かれておるが、じつは、1冊の本ではなく、39冊から成っておってな、その39冊は、つくられた時代も著者もバラバラなのだ。で、全体としては、だいたい紀元前2世紀頃までにできあがっていたらしい。

ところが、この『旧約聖書』の思想は、ヘレニズム時代に少々変わっていった。

智　ヘレニズム？　聞き覚えがある言葉だ。

爺　**ヘレニズム**とは、歴史的には、紀元前334年から紀元後30年のだいたい300年間のことだな。（アリストテレスの弟子でもある）アレクサンドロス大王が世界各地に遠征して、各地の文化交流を進めた。そのために、世界にギリシャ文化が広がっていった。

愛　グローバリゼーションみたいなもの？

爺　そうだな。ギリシャ人は自分たちのことを「ヘレネス」とよんでいた。それで、世界のギリシャ化を「ヘレニズム」というな。

ヘレニズムの影響は本当に大きくてな。アレクサンドロスはインダス川あたりまで進出したから、そのためにインドで「仏像」というものが現れるようになったほどだ。

愛　じゃ、それまで仏像はなかったの？

爺　そうなんだな。仏教の開祖ブッダの死後何百年間も仏像というものは造られなかった。しかし、ヘレニズムが広がることによって、仏の姿を刻んだ像がどんどん造られるようになったらしい。ガンダーラやら、マトゥラーあたりでな。

智　ガンダーラって、聞いたことあるよ。

爺　…ところで、さっきも出てきた《ミロのヴィーナス》という彫刻だが、これは、ミロ島で発見された、紀元前2世紀の、代表的なヘレニズム彫刻だ。

だからな、ガンダーラで造られた仏像には、彫りの深い顔、まるでギリシャ人みたいな顔をしているのも多かったな。「アポロン仏」なんてものもあるほどだ。

愛　「アポロン仏」？　変なの。アポロンは、ギリシャの神様でしょ。

爺　美術だけではないぞ。言葉もだ。**ギリシャ語**が当時の世界の共通語になっていった。いまの英語みたいなもんだ。それで『**旧約聖書　続編**』というのがギリシャ語で書かれたりもしたな。

愛　でも、それ、ギリシャ人が書いたんじゃないんでしょ。

爺　そうだ。あくまで「ユダヤ教」の文献だな。『旧約聖書　続編』は『旧約聖書』ほど権威ある聖典ではないが、やはりユダヤ人にとっては大切なものだ。

…ところがだ。じつは、言葉の問題だけではない。

愛　言葉だけじゃない?

爺　そう、たんに聖典がヘブライ語で書かれるかギリシャ語その他で書かれるか、という問題ではすまなくなったんだな。ユダヤ教の中身にまでヘレニズムの影響が及んだからな。

愛　「教義」ってのかな?

爺　ようするに、ユダヤ教のなかに「復活」とか「来世」という思想が入り込んできたんだ。外国からな。古代ユダヤ教では、もともと、「死後の世界」というのはほとんど考えられていなかったんだが。

愛　ふーん。

爺　…いまは概略の説明だから、とりあえず先に行くぞ。

そして、ついにキリスト教があらわれた。ちょうど2000年前だな。そして『**新約聖書**』が成立した。キリスト教の教典だ。だいたい紀元後100年頃にできあがったな。これは全部**ギリシャ語**で書かれとる。で、さっきいった、「復活」とか「来世」というのが、キリスト教になると肝心かなめの事柄になっておる。

智　キリスト教では「死後の世界」がそれほど大事なの。

爺　そりゃ、大事だ。天国か、それとも地獄か。だれだって地獄に堕《お》ちたくはないだろう。そして、それを支えとるのがキリストの「復活」なんだな。

…イエスが十字架に死んだのを知っとるな?

智　知ってるよ。かなり痛そうだよね、『パッション』という映画で見たけど。

爺　イエスは、逮捕されて死刑と決まり、十字架にかけられたな。だが、3日目によみがえった。奇跡が起こったのだ。これがキリスト教の鍵だ。もし、キリストの復活がなかったとしたら、キリスト教の土台はすべて崩れてしまう。

愛　だけど、その「復活」というのは、外国から入ってきた思想なんでしょ。

爺　まぁ、そういうことになる。ユダヤ人にもともとあった考え方ではなかったんだからな。ヘレニズムの影響だ。ピタゴラスもプラトンも、「輪廻」、つまり生まれ変わりがある、といっておったし。

ギリシャ思想とユダヤ＝キリスト教のかかわり

①世界は神によってつくられた

爺　さて、ここからは、話がやや入り組んでおる。ちとわかりにくいかもしれんが、ガマンして何とかついてきておくれ。

智　うん。

爺　右側の『旧約聖書』の思想と、左側のプラトンの思想は、もともと関係がなかったとは思うのだが、偶然、似たところがあった。

愛　「他人の空似」ってのかな。

爺　そうかもしれん（※ただし、ヘルマン・グンケルという研究者が両者に共通する由来を指摘しているらしい）。で、どこが似ているかというとな、世界のはじまりのところだ。『旧約聖書』の一番はじめに、神**ヤハウェ**（エホバ）が6日間で世界を造りあげた、と書いてあるな。

智　ひとりで、世界全部を？

爺　そう。ヤハウェは、光をつくり、天と地を分け、地に山や海をつくり、木や草を生えさせ、太陽や月や天体をつくり、動物をつくり、そして最後に人間をつくりだしたな。土をこねて人間を造り、鼻から息を吹き込んで生気を与えた。最初の人間**アダム**だ。

…話が変わって、今度はプラトンだ。『ティマイオス』の話は、もうしたな？

愛　『ティマイオス』？　そういえば、そんな話、あったような、なかったような…。

爺　何？　忘れてしまったか。しょうがないな…。いいか、プラトンの著作に『ティマイオス』というのがあってな。そのなかで**デミウルゴス**という神が出てきて「数の比」に従って世界を造ったというのだ。（↓54頁）

愛　あっ、思い出した。そういえばそんな話だった。

爺　で、このデミウルゴスが世界を造り上げる話と、ヤハウェが世界を創造する話とは、もともと関係がありなかっただろう。たぶん。しかし、ヘレニズム時代になってくると、もともと似ていたせいか、後世の人たちによって重ね合わせられてしまったのよ。

智　空似の他人どうしが、重ね合わせられることになったのか…。

爺　だから、なんとヤハウェまでが、「数の比」に従って世界をつくったことになってしまってのぉ。…『旧

ヤハウェ
ウィーン所在の聖書より。

約聖書』には、そんなことは、ひとことも書いておらんのだが。

そして、ヘレニズム時代になってつくられた『旧約聖書　続編』のなかの『知恵の書』という本には、「あなたは、長さや、**数**や、重さにおいてすべてに均衡《きんこう》がとれるように計らわれた。つねに偉大な力を備えておられるからである」などという文章があらわれてきた。「あなた」、つまり神ヤハウェは、長さ、数、重さに配慮して世界を創造したということだな。

ちょっと関係ありそうな絵を出してみたぞ。これは、ヨーロッパ13世紀に書かれた絵だ。神様がもっているのは何かな？

智　コンパスだよね。この髭の濃い人は神様なの？

爺　神様だ。ヤハウェだ。プラトンのデミウルゴスじゃないぞ。

だから、後世では、聖書の神も、定規やコンパスを使って、数比に従って、世界を綿密に設計し、造り上げたということになったわけだ。

愛　たしかにこの絵をみると、わかる。2つの文化の融合が。
爺　だろう。

②生まれ変わり

爺　ここまでは、いわば、他人の空似だ（いや、もしかしたら、影響関係があったかもしれん。…だが、はっきりとは確認できないところだな）。しかしだ、ここからは明らかに影響があったところについて話をするぞ。ギリシャ（というかヘレニズム）から聖書の世界へ、とな。
愛　影響？「明らかに」？
爺　そう、たとえば、「よみがえり」とか「来世」という考え方。これは昔々の、『旧約聖書』の時代には、ユダヤ人の頭になかったたな。古代ユダヤ教では、基本的には、死んだらそれっきりだった。
愛　宗教っていうのは、「死後の世界」を問題にするものじゃないの？
爺　古代ユダヤ教では、神ヤハウェは生きている者の神なのだ。だから、古代ユダヤ教の神は、ただしい者にはこの世で恩恵を与え、悪い者にはこの世で天罰を下すという。
愛　ふぅーん、そういうこと。この世で、生きているうちに、ね。
爺　ところがだ。ヘレニズム時代に変わってくる。ギリシャやら外国の影響でな。ユダヤ人は、昔もパレスチナ地方で暮らしていたんだが、紀元前198年以降はセレウコス朝シリアという国に支配されることになったな。

智　セレウコス朝シリア？

爺　アレクサンドロスがつくった大帝国は、彼の死後、部下たちによって分割されてな、結局、アンティゴノス朝マケドニア、プトレマイオス朝エジプト、セレウコス朝シリアといった国に分かれていった。だから、どれもギリシャの伝統を受け継いでおる。

それでもって、パレスチナ地方では、セレウコス朝シリアによって、ギリシャ化が徹底的にすすめられたな。

愛　ギリシャ化って、どういうこと？

爺　いろいろあるな。たとえば、**豚肉**だ。

智　豚肉がどうしたの？

爺　『旧約聖書』に食べてはいけないと書いてある。

智　どうして食べちゃいけないの、豚肉を？

爺　豚は汚《けが》れた動物だからだな。

智　どうして豚は汚れているの？

爺　わからん。神様が汚れているといっているから、汚れている、そういうことだ。

智　ふぅーん。まぁ、いいや。…で、豚肉がどうしたの？

爺　セレウコス朝の支配者はユダヤ人たちにむりやり豚肉を食べさせようとした。口をこじあけてもな。

智　口をこじあけて？　何もそんなにまでして…。

爺　問題は神の教えに忠実かどうかだ、先祖以来の戒《いまし》めに忠実かどうか、ということだ。でな、セレウコス朝の王は、豚肉を食べない者たちを死刑にしたらしいな。

智　死刑？　ちょっと、きびしすぎ！　たかが豚肉ぐらいで。

爺　『旧約聖書　続編』のなかの『マカバイ記（2）』には、こんな話が出ておるぞ。セレウコス朝のアンティオコス4世がきびしいギリシャ化政策を進めてな、多くのユダヤ人は仕方なく豚肉を口にしたのだが、ある母親とその7人の息子たちは、圧力に屈せずに、殉教《じゅんきょう》した、とな。

智　殉教？

爺　自分の信じる宗教のために死ぬことを「殉教」というのだ。さて、王アンティオコスはな、この兄弟たちを、ものすごい拷問《ごうもん》で責め立てたのだ。つまりな、鞭《むち》や皮ひもで打ったり、舌を切ったり、頭の皮を髪の毛ごと剥《は》ぐなどしてな、どうにかして豚肉を食べさせようとした。だが、彼らは食べなかった。…たいしたものよ。

愛　舌を切られたら、食べられないけど…。

爺　それで兄弟のうち4番目の者が息を引き取る前にこういったな。「たとえ、人の手で死に渡されようとも、神が再び立ち上がらせてくださるという希望をこそ選ぶべきである。だがあなた〔＝アンティオコス〕は、よみがえって命を得ることはない」とな。

智　負け惜しみ、…捨てぜりふ、みたい。

爺　さぁ、どうかな。ようするに、大切なことは、ここで「よみがえり（陰府《よみ》からかえる）」という考えがユダヤ人の思想のなかに現れてきたことだ。これは、以前はなかったのだぞ。

キリスト教の教父たちの思想

爺　キリスト教は、出始めの頃は、ユダヤ教のひとつの宗派にすぎなかった。つまりは**「ユダヤ教ナザレ派」**だ。

愛　「ナザレ派」？

爺　ナザレとはイエスの出身地のこと。イエスは、イスラエルの北の方のガリラヤ地方、ナザレという町の出身なのだ。

智　イエス・キリストはユダヤ人だったのか…。ヨーロッパ人じゃなかったんだ。

爺　だが、パウロをはじめとする弟子たちが頑張ってな。キリスト教の宣伝につとめてな。だんだんローマ帝国のなかにひろがっていった。けれども、最初はずいぶん苦労したらしい。クリスチャンたちはいじめられたようだ。あやしげな新興宗教と受け取られたようだ。パウロも、そしてペテロという、イエスの最初の弟子のひとりも、結局、ローマで殉教したらしい。

　しかしだ、その後も「教父《きょうふ》」とよばれる人たちが頑張ってキリスト教の教義をかためていったな。

智　「きょうふ」？

爺　そう、「教父」。キリスト教の教会の父だ。教会を成長させた人々のことだな。『新約聖書』の全体が成立したのが紀元100年くらいだが、その後、教えの中身を、批判に耐えうるように整理していった人たちが「教父」とよばれる人だ。権威ある人々だ。

智　ふぅーん。「批判に耐えうるように」か…。

爺　でだ、この教父たちは、だいたいがヘレニズムの波をかぶっていた人たちだったから、ギリシャ的な教養を身につけていたな。

愛　「ギリシャ的な教養」？

爺　ギリシャ的教養というのは、まずプラトンをはじめとする哲学だな。文学もあるぞ。あの、英雄アキレウスが活躍する『イーリアス』とか、『オデュッセイア』とかな。それから、悲劇もあるぞ。

智　アキレウスって、たしか、ブラッド・ピットが『トロイ』という映画で…。

爺　で、もちろん、ソクラテスもアリストテレスのことも、教父たちは知っておったぞ。

とりあえず、めぼしい教父の名前をあげておくか。**ユスティノス**、**アレクサンドリアのクレメンス**、オリゲネス、そして**アウグスティヌス**なんてところかな。テルトゥリアヌスやヒエロニュムスも有名だ。ほかにもたくさんおるが、このあたりにしておくか。

智　全然聞いたことない名前ばっかり…。

爺　そうかもしれんな。おまえたちには、な…。

ユスティノス（100頃~165頃）はパレスチナ地方の出身だ。が、後にローマに移って、キリスト教的な哲学学校を開いたらしい。そして、最後は殉教したようだ。

智　殉教？　また出てきたね。

爺　このユスティノスは、ソクラテスをたいへん尊敬しておってな、おもしろいことに、ソクラテスはキリスト教以前のクリスチャンだ、なんていっておった。

愛　それ、どういうこと？　ソクラテスって、キリスト教とは全然関係ないでしょ？

爺　たしかに、そうなのだが…。イエスよりも何百年も前の人だし。だがな、ユスティノスという人は、そのように考えておったらしいな。

　そして、次はアレクサンドリアのクレメンス（１５０頃〜２１５頃）だ。このクレメンスはたいへん博学多識な人でな、プラトンの本をずいぶんと読み込んでおったようだ。プラトンだけではない。クレメンスの本はな、読むとわかるが、アリストテレスだのエンペドクレスだの悲劇だの詩だの歴史の本だの、さまざまなギリシャ語の文献からの引用であふれかえっておる。

アウグスティヌス
背景にピタゴラスの定理らしきものが描かれている。

智　へぇー。キリスト「教会の父」の本なのに…。

爺　そうなんだな。クレメンスは、「哲学がギリシャ人をキリストに導いた」と考えていたらしい。

愛　そうかなぁ。なんか、ちがうような気がするけど…。

爺　さて、いよいよアウグスティヌス（３５４〜４３０）、キリスト教の歴史のなかの最重要人物のひとりだ。アウグスティヌスの書いたものは後の時代にずいぶんと尊ばれてな、彼の著書は聖書に次ぐ権威とされたな。

愛　「聖書に次ぐ権威」…。

智　ふぅーん。そんなエライ人なんだ。

爺　で、このアウグスティヌスもプラトン主義の影響を受けていたな。

愛　プラトン主義…ね。

爺　おっと、その前に**マニ教**の話をしておかなければ。

智　マニ教って、何？

爺　アウグスティヌスは、若い頃にな、マニ教という宗教に凝《こ》っていたことがあっての。マニ教というのは、**ゾロアスター教**を中心として、当時のいろいろな宗教をいろいろ取り込んだゴチャ混ぜの宗教でな、「光」と「闇」の対立を説いておった。

愛　ゾロアスター教？　光と闇？

爺　ゾロアスター教とは、紀元前1200年頃ゾロアスターという人がはじめた、古代ペルシャ（現在のイラン）の宗教だ。火の儀式があるので「拝火教《はいかきょう》」とよばれたりもする。このゾロアスター教ではな、この世は2つの勢力に分かれておる。

智　2つの勢力？

爺　「光＝善＝生命」の勢力と、そして「闇＝悪＝死」の勢力だ。この2つの対立がずっと続いてゆくのだが、最後には救世主《きゅうせいしゅ》があらわれて、「光＝善＝生命」の側が勝つ。

愛　「光＝善」と「闇＝悪」の対立…。なんかウルトラマンみたい。ウルトラマンは「光」の国の使者だから。

智　バルタン星人って、「闇」の勢力のなかでは、けっこう下っ端なんだよね（笑）。

爺　ウルトラマンは、よくは知らんな、ワシは。とにかく、マニ教は、ゾロアスター教のこういった考え方を受け継いで、「光＝霊」と「闇＝肉体（物質）」との対立を説いておった。そしてやっぱり最終戦争が起きてな、１０００年以上も続く大火によって「闇＝肉体（物質）」が消滅してゆくというな。

智　なんか、すごいスケールだね。

爺　でだ、アウグスティヌスは、このマニ教から結局のところ離れることになるんだが、「霊的なもの」を「肉体的なもの」よりも重んじる、というところではマニ教の影響を脱してはいなかったな。

愛　でも、ピタゴラスやプラトンも、そうだったんじゃないの？

爺　たしかに。じつは、マニ教も、ヘレニズムが産んだ宗教だから、ヘレニズムの影響を受けとる…。

それで、マニ教を離れたアウグスティヌスは、今度は、プラトン主義の思想にもふれたらしいな。だから、その影響もある。

智　マニ教の影響もあるし、プラトン主義の影響もあるのか。「聖書に次ぐ権威」なのに…。

愛　プラトン主義の影響って、たとえば？

爺　たとえば、か…。

…ちょっと話題を変えるぞ。アウグスティヌスは３５４年の生まれなんだが、ローマ帝国では、ネロ帝（37～68）だとかドミティアヌス帝（51～96）だとか歴代の皇帝たちが、何百年にもわたって、キリスト教を弾圧しておってな、ようやく信仰の自由が認められたのが３１３年だ。

智　どうしてローマ皇帝たちから迫害されたの？

爺　まぁ、キリスト教といっても、最初の最初は、新興宗教だからな。いまじゃ、世界で一番信者が多い宗教なのだが…。

で、もともとローマ帝国にはローマの神々がいてのぉ。惑星の名前にもなっとるだろう。主神ユピテル（ジュピター＝木星）、農耕の神サトゥルヌス（サターン＝土星）、美の女神ウェヌス（ヴィーナス＝金星）など、いろんな神様たちがいて、ローマ市民に信じられておった。だから、対立したのだろう。

でな、当時のローマには、ギリシャのソフィストみたいに口の達者なやつらもたくさんおったな。それで、そういう連中から、クリスチャンは、議論をふっかけられるわけだ。

智　ぼくはギロンは苦手！　勘弁して！

爺　たとえば、こんな調子だ。

「おまえたちクリスチャンが信じている聖書とやらを開くと、最初のページにエホバとかいう神が世界を造ったという話が出ているな。たったひとりで、６日間かけて世界全体を造ったそうじゃないか。たいしたもんだなエホバさんは。だがな、エホバとやらは、聞けば、全知全能だそうじゃないか。全知全能なら６日もかからんだろう。時間がかかりすぎだ。おまけに７日目は疲れて休んだのか？　全知全能のくせに…」とな。

智　ひぇ！　きびしい！

愛　うーん。さすが、ソフィストの末裔《まつえい》。つっこみが…きつい。しかも、聖書の最初のページから…。

爺　そうなんだ。あの電話帳のように厚い聖書の最初のページから、この始末での。だがな、アウグスティヌスは、ちゃんとこれに答えておる。さすが「聖書に次ぐ権威」アウグスティヌスだ。彼は、こういう論争をずっと続けておった。アウグスティヌスの生涯は、論争に次ぐ論争だった。まぁ、そういう論争を通じてキリスト教の土台がかためられていったともいえるのだが…。

愛　で、なんていったの、アウグスティヌスは？

爺　こういうことだ。…神は、もちろん全知全能に決まっておる。だから、造ろうと思えば一瞬で世界を造ることもできた。しかし、お造りになった世界の「完全性」を示すために、わざわざ「6」という数をお選びになったとな。

智　「6」だと完全なの？

爺　6は「完全数」だからだ。

ちょっと聞くぞ。…算数だ。6の約数は、いくつといくつかな？

智　えーと、2と3かな？

愛　1と6も入れなきゃダメ。だから、1と2と3と6。

爺　そのとおり。だから、1×2×3＝6だな。だが、1＋2＋3＝6でもあるな。

足しても6、かけても6だ。すごいだろう。

智　ホントだ。不思議。

愛　…

爺　こういう数はめったにないな。6の次は28がある。28の約数は、1と2と4と7と14だ。で、1＋2＋4＋7＋14＝28だ…。おもしろいだろう。

智　ふぅーん。たしかに、28の約数は1、2、4、7、14だ。

爺　ほんとに少ないんだぞ、こういう「完全数」はな。あとは、496、8128ぐらいだ。で、次の完全数は、なんと33550336までない。

智　そんなに少ないんだ！

愛　6が完全数だというのはわかったけど…。

爺　「けど」とは、なんだ？

愛　だからって、6日間で造られた世界が「完全」なの？

爺　まぁ、そういうことだ。アウグスティヌスがいうにはな。

愛　なんかアヤシイ。

爺　まぁまぁ、このあたりで納得してくれ。…ようするにだな、ワシのいいたいのは、アウグスティヌスも「数」にけっこうこだわっているということだ。たぶんプラトン主義の影響だな。アウグスティヌス自身、「数の理論」を軽んじてはならん、といっておるし。

第3章
近代の西欧の思想

おもな人物・キーワード

アリストテレス
「万学の祖」「スコラ哲学」

デカルト
「近代哲学の祖」「われ思う、ゆえにわれあり」『省察』「私とは考えるものである」「神の存在証明」「明晰・判明」「蜜ロウの比喩」「物体とは広がりをもつものである」「物心二元論」「質的自然観と量的自然観（数値化）」「デカルト座標」「機械論的自然観」『方法序説』

テレジオ
「物体にも霊魂（アニマ）がある」

デッラ・ポルタ
『自然魔術』「万物に霊魂」

ブルーノ「宇宙は無限」
主観の哲学
バークリ「素朴実在論」批判
ヒューム「因果律批判」
プラトン主義

パスカル
「人間は考える葦である」『パンセ』

カント
『純粋理性批判』「法則を打ち立てるのは人間である」「自然法則の普遍性」「コペルニクス的転回」「感性と悟性」『実践理性批判』「責任」「自由」「良心」「善意志」「道徳法則」「格率」「他律」「プラトン主義」「二世界説」

デカルト――われ思う、ゆえにわれあり

爺　いよいよ**ルネ・デカルト**（1596～1650）だ。このデカルトは、フランスの哲学者にして数学者。彼こそ**近代哲学**の最重要人物だ。

智　「近代哲学」の最重要人物？

爺　…「われ思う、ゆえにわれあり」という言葉を知っておるか？

愛　有名な言葉だから知ってるけど…。

自分が考えてるから、自分がいるのはまちがいない、なんて、当たり前じゃないの？　あんまり、たいしたことないです、この言葉。

爺　う～ん。困ったな…。じつのところ、そんな単純な話ではない。

よし、では最初からきちっと話をするか…。まずは、アリストテレスだ！

愛　アリストテレスが、何か、関係があるの？

爺　ある、ある。大いに関係ありだ。

じつはな、デカルトの時代、学問の世界でアリストテレスがたいへん尊敬されておった。たいへんな権威だった。デカルトも学校時代にずいぶんアリストテレスを勉強させられたらしいな。

智　ふぅーん。…どうして？

爺　…じつはこういう話でな。いまでこそ、欧米は先進国だ。ここ数百年間、この世界を動かしてきたのは、まちがいなく、欧米だな。

智　いまさら、そんなこと、いわれなくても…。

爺　ところが、そのヨーロッパも、昔の昔は、イスラム世界、アラビア世界におくれをとっていたことがあってのぉ。

智　へぇー、アラビアのほうがすごかったのか…。そんな時代があったの。ちっとも知らなかった…。

爺　だから、地中海の支配権も奪われてしまって、ヨーロッパ人は地中海に板きれ1枚浮かべることもできなくなった、といわれたほどだったな。地中海は「イスラムの湖」になってしまった。9世紀頃の話だが。

愛　それは、全然知らなかった…。地中海が…。

爺　ギリシャ以来の学問の伝統もほとんど失われてしまってな、西洋にはギリシャ語ができる人も、ものすごく少なくなってしまってのぉ。

…ところが、それから何百年かたって、「12世紀ルネサンス」がやってくるんだな。

愛　知らないなぁ、「12世紀ルネサンス」なんて…。

爺　ヨーロッパの学者たちは、おくれを取り戻そうとして必死でアラビア語の文献を読み始めた。そしたら、びっくりしてな…。

智　何にびっくりしたの？

爺　数学だの、医学だの、薬学だの、天文学だの、すっかりイスラム世界に立ちおくれていることに気づいてな。

智　へぇー…。やっぱり、おくれてたんだ。

爺　で、びっくりついでに、さらに驚いたことに、なんとイスラムの学問の世界でアリストテレスが最高権威とされておったのだ。

愛　イスラムの世界で、ギリシャのアリストテレスが？

爺　そう。アリストテレスの著作はバグダッドなどでアラビア語に翻訳されて熱心に読まれておった。それでもって、12世紀ルネサンスのときにアラビア語のいろいろな文献とともにアリストテレスもラテン語に翻訳されて、西洋世界にたいへん大きな影響を与えることになる。

智　そんなにアリストテレスって、すごいの？

爺　そりゃ、すごいぞ。以前に動物学の本の話をしたな？

愛　うん。動物に関する本がたくさんあった。『動物部分論』だっけ。ほかにも…。

爺　そのとおり。で、アリストテレスは、生き物を、よく観察もし、解剖もしておったからな。とくに、頭足類（タコ、イカ）の研究などは、すぐれておった…。だから、アリストテレスは「生物学の祖」といわれておる。

智　ふぅーん。

爺　ところが、それだけではない。じつは、アリストテレスは、「万学の祖」でもある。

智　「万学」？

爺　種々様々な学問、ということだ。

というのもな、アリストテレスには、政治に関する本、悲劇や詩に関する本、魂に関する本（心理学の本）、哲学（や哲学史）に関する本、天文学に関する本、弁論術に関する本、道徳に関する本、論理学に関する本だの、いろいろな分野に関係する著作があったからな。

智　ひぇー、すっごい。全部ひとりでやってたの？

爺　そう。基本的にはな。基本的にはひとりでやっておった。

しかも、そういった、いろいろな学問が、バラバラではなく、網の目のようにきっちりと組み合わさって、全部つじつまが合うようになっておったのよ。

愛　それで、アリストテレスって、すごかったんだ。

爺　だから、びっくりしたんだ。そこで、これをはじめて受け取った西洋キリスト教世界のなかには拒絶反応を示した人もいた。たとえてみれば、１５０年前の、欧米文化にはじめて接した日本人のようなものだな。

智　文明開化みたいだ。写真を撮《と》られると、「魂」が抜かれる、とかね。

爺　だが、何といっても内容が豊富でな。結局、受け入れざるをえなかったのだろう。

そうやってアリストテレスの学問・思想は西洋に徐々に広がっていった。そして、西洋キリスト教社会の学問の世界で、「**スコラ哲学**」というものが発展していったな。

愛　「スコラ哲学」って、何だったっけ？　名前だけは知ってるんだけど…。

爺　スコラ哲学とは、基本的にキリスト教哲学だ。哲学といっても、キリスト教的な哲学でな。ところが、アリストテレスがずいぶんと取り込まれていった。ずいぶんとな。このスコラ哲学の最盛期は13世紀といわれておる。

智　ふぅーん。キリスト教とアリストテレスの…。

爺　で、肝心のデカルトだ。17世紀のはじめに教育を受けたデカルトは、学校でアリストテレス＝スコラの学問をたたき込まれた。しかし、やがてこれに反発してな。反旗《はんき》を翻《ひるがえ》すことになる。

愛　どう、反旗を翻したの？

爺　デカルトはな、物体から「魂」を抜き取ってしまったのよ。そして「場所」からもな。

愛　物体から「魂」って、どういうこと？　魂なんて、物体にはもともとないでしょ？　それに「場所」？

…よくわからない。

爺　そうかもしれん。しかし、事《こと》はそれほど簡単ではない。じつのところ、これは革命的な転換だった。デカルトは、学問の世界でたいへんな改革をなしとげたのだ。

智　「革命」？　「改革」？　デカルトが？

爺　まぁ、順を追って説明することにしよう。

悪いが、もう一度アリストテレスに戻るぞ。

智　うん、いいよ。

爺　前に、アリストテレスのところで質料《しつりょう》と形相《けいそう》の話をしたな。（↓59頁）

愛　うん。

爺　では、きいてみるぞ。「形相」とは何だったかな？

愛　えーと。形相とは、「形」「姿」「構造」のことで、そのものをそのものたらしめているパターンのようなもの。椅子だったら、椅子を椅子たらしめているのは、その形や構造。

爺　正解だ。よく覚えておったな。では、質料は？

愛　質料は、原料、素材のことで、椅子の場合だと、ふつうは木材かな。

爺　そのとおり。で、椅子を椅子たらしめているのは、形相のほうで質料ではない。同じ木材が質料でも、形や構造が変わると、「机」になってしまう場合もあるからな。

智　うん。椅子も机も、素材（＝質料）は同じだね。

爺　では、人間の場合はどうかな。人間の「形相」とは？

愛　人間の形相？

智　人間の「形」「姿」「構造」？

爺　さて、どうかな。では、具体的な人間、たとえばソクラテスで考えてみよう。ソクラテスをソクラテスたらしめているのが、人間ソクラテスの形相だな。

愛　ところで、ソクラテスは太めだったそうだが、やせてしまったら、もう「ソクラテス」でなくなるか？

爺　やだ、…やせたソクラテスも「ソクラテス」でしょ。

愛　ソクラテスが死んだとき70歳だったようだが、若返ったら、もう「ソクラテス」でなくなるか？

爺　いいえ、若いソクラテスも「ソクラテス」。

爺　やせたソクラテスもソクラテス、若いソクラテスもソクラテス。形や姿が変わってもソクラテスはソクラテスということだな。

とすると、ソクラテスをソクラテスたらしめているのは、形、姿、ではなくなるな？

智　そういうことになるね。

愛　人間は、椅子や机とはちょっとちがう。

爺　とすると、人間の「形相」とは何だろう？

愛　何かな？

爺　魂よ。心よ。アリストテレスは魂を人間の形相と考えておった。ソクラテスをソクラテスたらしめているのはソクラテスの魂だな。

愛　なるほど。魂ね。

爺　で、この魂が、人間を活動させるわけだ。人間が自分でいろいろ動き回って活動するのは、この魂、心によるな。

愛　まぁ、そうかな。

爺　ところが、椅子や机は動き回らんな。魂がないからな。ほうっておいたままでは動かん。静止しておる。では、植物の場合はどうだろう？

智　植物って？

爺　植物には魂、心があるだろうか？

愛　ないような気がするけど…。

爺　けれど、自分で動くだろう。静止したままではない。根を伸ばして養分を吸い上げたりする、葉を広げたりする、花を咲かせたりするな。

智　たしかに。

爺　そこで、「植物的魂（あるいは栄養的魂）」というものを考える。

智　「植物的魂」？

愛　変なの…。

爺　もちろん、植物的魂といっても、自覚というか、意識というか、そんなものはない。

愛　それはそうでしょ。意識はないでしょ、草や木には。

爺　で、この魂のあるおかげで、ドングリはドングリのままでとどまっていないで、大きなカシノキになることを目指すわけだ。「目指す」といっても、自覚があるわけではない。

同じように、動物には動物特有の魂（感覚的魂など）があって、生まれたばかりの犬の子でも成犬になることを目指しているわけだ。

智　なるほど。「目指す」…か。

爺　さて、じつはここからが問題でな。

…手にもった土の塊《かたまり》をはなすと、下に向かって落ちてゆくな。

智　うん。

爺　炎は上のほうにのぼってゆくな。なぜかな？

愛　土が下に落ちるのは「重力」のせいでしょ？

爺　そう、そのとおり。しかし、この時代にはまだ「重力」は発見されておらん。ニュートンは17世紀の人間、アリストテレスは紀元前4世紀の人間だからな。

では、アリストテレスは、どう考えたのだろう？

智　どう考えたか、っていわれても…？

爺　じつはな、こう考えたらしい。アリストテレスは元来が生物学者だったから、「土」や「火」について考えるときでも、どうやら生き物をモデルにしていたらしいな。

智　ふぅーん。生き物をモデルに、…ね。

爺　土には土の形相があって、その形相のために（本来あるべき場所である）宇宙の中心を目指す、という。土には、下に向かって落ちてゆくという本性がある。

愛　「宇宙の中心」？

爺　当時は地球が宇宙に中心にあると信じられておった。そして、土は、その中心に向かって落ちてゆく、と考えられた。

　ドングリが本来あるべき姿であるカシノキを目指すように、土は本来の場所である地球の中心を目指す、というわけだな。

愛　「目指す」…ね。…そういうことね。なんとなく、アリストテレスの理屈がわかってきたような気がする。

爺　で、火の場合もそう。火には火の形相があって、その形相のために本来あるべき場所である空の高いところを目指してのぼってゆく、ということだ。火には空にのぼってゆくという本性がある。

智　土には落ちるという本性がある、火にはのぼるという本性がある、か…。ふぅーん…。

爺　そう。で、こういい換えてもよい。土には「重さ」という性質がそなわっている。火には「軽さ」という性質がそなわっている、とな。

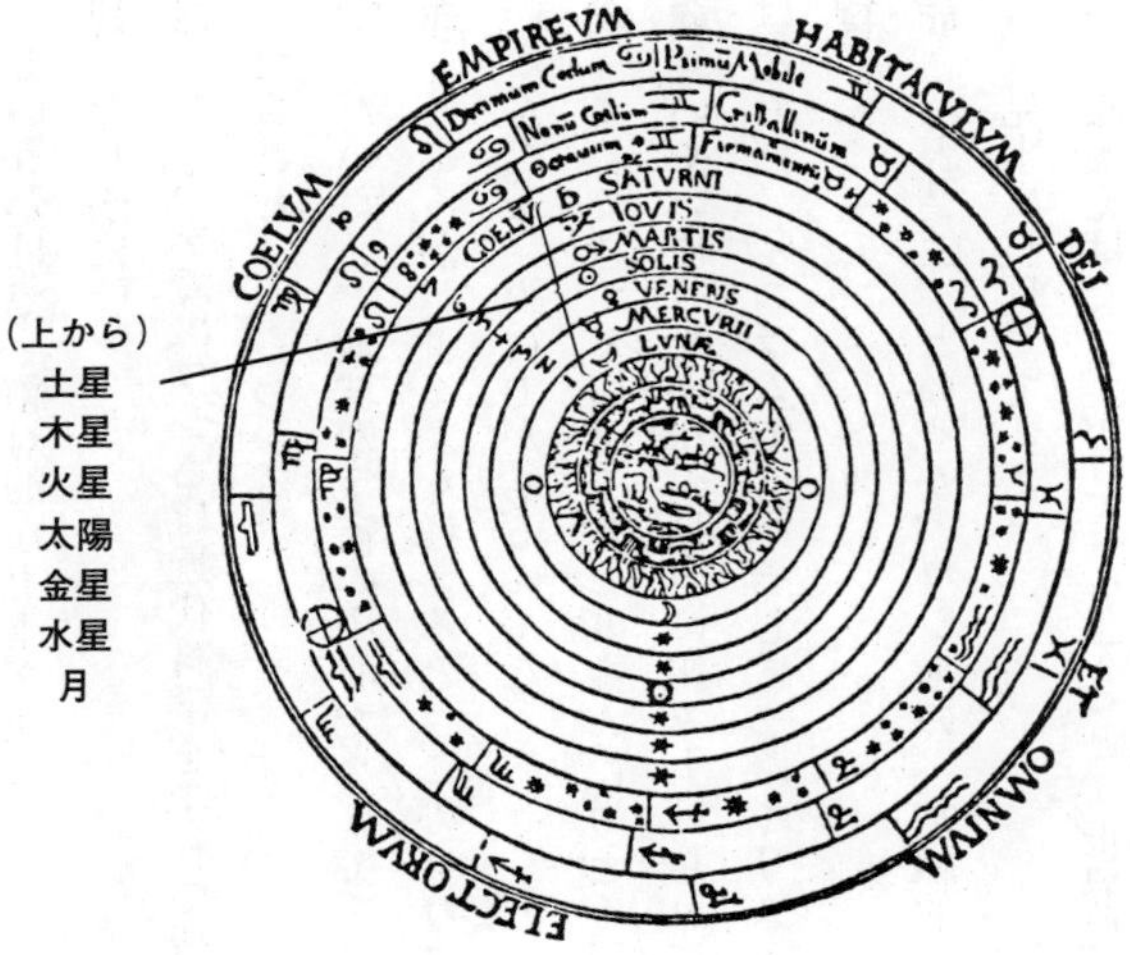

アリストテレス＝スコラ的な宇宙の図。一番外側の7語を続けると「輝ける天、神とすべての選ばれし者たちの座」といったことを意味する。

参考として、アリストテレス＝スコラ的な宇宙の図を示してみたぞ。昔の人が描いた絵でな。地球の中心というか、宇宙の中心が「土」だ。そのまわりに、「水」「空気」「火」が層をなして…。

智　「土」「水」「空気」「火」って、たしか、前に出てきたね。

愛　ギリシャの四元素でしょ。

爺　そのとおり。そして四元素の層のまわりに、さらに月だの、惑星だの、恒星だの、いろいろな星があって…。で、この星々というのは神のようなものなのだ。アリストテレスによるとな。

愛　天体は、神みたいなもの…？

爺　で、大切なのは、「上」と「下」があることだな。絶対的な「上」「下」だ。

智　絶対的な「上」「下」？

爺　そう。地球の中心、つまり宇宙の中心が「下」だ。絶対的な「下」なのだ。そして、そこから離れてゆけばゆくほど「上」だな。

というわけで、絶対的な上下が決まっておる。…もちろん、現代科学によれば、そんなものはないのだが。

智　たしかに。

爺　さて、すでにワシらは近代科学を学校で習っておる。だから、このアリストテレス的な宇宙観がまちがっておることはすぐわかる。

愛　だいたい、地球が宇宙の中心だなんて…。

爺　ところが、よくよく考えると、このアリストテレスの世界観というか宇宙像は、なかなかうまくできているんだな。説得力があるんだな。

愛　よくできてるの？　少し変なんだけど…。

爺　いやいや。なかなか見事に組み上げられておる。だからこそ、何百年にもわたって強い影響力をもち続けたのだ。イスラムでも、そしてまたキリスト教世界でも、権威だった。

智　ふぅーん。

爺　「素朴な」、というか、ワシらの「常識的な」考えを、見事に整理しているからな。

智　見事に整理している？

爺　たとえばだ、「素朴に」考えると、世界に「上」「下」があっていいのではないか？　もちろん、空のほうが「上」で、大地のほうが「下」だ。

逆に、地球が自転や公転していて、ワシらの頭が上になったり下になったりしていると想像すると、ちと不安になってこないか？

智　そういわれて、想像してみると…、何かクラクラ…、変な感じがしてきた。

爺　そうだろう、そうだろう。素朴に、健全に考えれば、頭のほうが「上」で足のほうが「下」だ。次へゆくか。今度は物が落ちる話だ。
智　さて、物は、ほうっておいては動かない、というのがアリストテレスの基本的な考え方だ。これはいいか？
爺　何もしなければ、物は動かない。…いいんじゃない？
爺　ところが、人間や動物は自分で自分を動かす。植物も動く。それは「魂」があるからだな。ここまでは、いいか？
智　いいよ。
爺　ところが、土は落ちるな。魂がないのに、心がないのに。自分で動く。自分で落ちてゆく。しかもどんどんスピードを増して。なぜかな？
智　地球の引力でしょ？
爺　いったではないか。まだ引力は発見されておらん。引力を使って説明してはならん。そこで、アリストテレスの学派では、土には「重さ」があるから、その重さというもののために落ちてゆく、と考えたな。火には「軽さ」がある、その「軽さ」のために上昇してゆく、と考えたな。
愛　土というか、物体が落ちるとき、どんどんスピードを増すのは、どうして？
爺　アリストテレス学派ではな、だいたい次のように説明しておった。土（あるいは「土」の要素を含んでいる物体）は、本来あるべき場所、つまり宇宙の中心を目指して、落ちてゆく。落ちるにしたがって、だんだん「故郷」に近づいてゆく。

智　「故郷」？

爺　本来あるべき場所のことよ。

でな、旅人が故郷に近づくと気持ちが高まって足が速くなるように、土もスピードを増してゆく、というのだな。

愛　すごい「たとえ」。…なんとなく、わかるけれど。

爺　注意してほしいのは、この「重さ」とか「軽さ」という性質が、じつは、魂的なもの、霊魂的なものであることだ。

智　はぁ？

爺　人間の形相は魂だったろう？

愛　そうだったね。

爺　で、魂が人間を活動させる、動かすわけだ。

そして、土を動かすのは、（土の形相にもとづく）「重さ」という性質だ。だから、「重さ」とは、魂的なものではないか。魂みたいなものではないか？

火を上昇させるのは、（火の形相にもとづく）「軽さ」という性質だ。だから、「軽さ」は魂のようなものではないか？

智　なるほど、そういうことか。

愛　生物をモデルにしてるっていう話の意味が、わかってきた。

爺　…ちと、魔女のほうきというものを考えてごらん。

智　ほうき？

爺　ほうきは、どうして飛ぶんだろうか？

愛　どうしてっていわれても…、そんなことは科学では説明できないでしょ。

爺　いや、いまは科学で考えるのではなく、もっと素朴に考えておくれ。

愛　素朴に…、ね。

爺　やっぱり、ほうきのなかに魂のようもの、霊魂のようなものがある、と考えられるのではないか？

愛　そうかもしれない。「素朴に」考えると、だけど。

爺　今度はシャボン玉。シャボン玉はどうして飛ぶのだろうか？
もし、ちっちゃな子どもにたずねてみたら、「おそらを飛びたいから」とこたえるのではないか？

愛　そう、こたえるかもしれない（ほんとはちがうけど…）。

爺　「飛びたい」と言うからには、やはりそこに魂のようなもの、霊魂のようなものを感じ取っているわけだな。

智　なるほど。

爺　で、アリストテレスもベースは同じなのだ。アリストテレスも、「物体」のうちに魂のようなものを見てとっておった。
アリストテレスは、じつのところ、素朴な人間の考え方をちゃんと汲《く》み上げて、それを丹念に整理して、学問を作りあげておった。しかも、自分の2つの目でしっかりと観察したり、あるいは解剖したり、多くの標本を集めたりしていて、そつがない。

社会が工業化してきて、ひとが望遠鏡を使ったり、顕微鏡をもちだしてくると、アリストテレスの理論はダメになるな。しかしだ、近代化以前の農業中心の社会では十分に通用するものだったし、人々が納得できる内容だったのよ。だからこそ、何百年間も「権威」として君臨していたんだな。

智　なるほどね。

〔…〕

爺　ようやくデカルトだ。ちと遠回りしてしまったな。デカルトはこのアリストテレスの理論に戦いを挑んだ。で、いったい、どのように挑戦していったか、それがテーマだ。

愛　「挑戦」ね…。

爺　そこにデカルトの絵があるだろう。アリストテレスの本を踏んづけておる。

智　…ちょっとお行儀が悪いけど。本を踏んづけるのは…。

爺　デカルトにとっては最大の敵のひとりだったのよ。アリストテレスはな。

智　ふぅーん。

爺　で、その挑戦が（アリストテレスの影響が大きかった）学問の世界に大変革をもたらすことになるわけだ。

愛　「大変革」…ね。

爺　…それでは、デカルトの『省察《せいさつ》』（1641）という本を使って話をすすめることにしよう。

智　デカルトの「せいさつ」？

爺　そう、じっくり深く物事を考えるということだ。騒音や他人に惑わされずに、たったひとりで心を落ち着けて、物事を考えるということだ。

愛　「ひとり」で？

爺　「ひとり」だ。これは、けっこう重要なことでな。ソクラテスのような「対話」ではないのだぞ。

…ところで、この『省察』は6章仕立てになっておる。ま、6日間、つまり1週間で省察のいとなみが終わるということだな。では、第一省察から順番にやってゆくぞ。

愛　うん。

〈省察その1〉

爺　デカルトは「ゆるぎない学問」を築きたいという野心をもっていたな。

智　「ゆるぎない学問」？

爺　そう。デカルトは、アリストテレス流の学問を「ゆるがせ」たかった。権威を、しかもまちがった権威をゆるがせたかったのよ。

智　ふぅーん。

爺　そこで、デカルトは疑ったな。強い意志をもって。あらゆることを疑った。いったんすべてを、丸ごと御破算《ごはさん》にしようとした。

愛　なんで疑うの？

爺　あらゆることを疑って、疑いようのないものが残るとすれば、それが「ゆるぎない学問」の土台になるだろう。

愛　疑うことのできないものが残れば、それがゆるぎない学問の土台になる、か…。そういうこと…ね。

爺　そこでだ。デカルトがまず最初に疑ってみたのが、**感覚**だな。感覚というものは、錯覚をまぬがれん。たとえば、長い棒を水のなかに入れると、折れ曲がって見えるだろう。

智　うん。見えるね。

爺　錯覚だ。ほかにもあるぞ。「黄疸《おうだん》」という病気にかかると、すべてのものが黄色く見えてしまう。世界が黄色く染まってしまうんだな。これも錯覚だ。
それでもって、もしかしたら、ワシらが見たりさわったりしていることが、すべて「夢」かもしれん。

愛　どういうこと？　すべてが「夢」って？

爺　「胡蝶《こちょう》の夢」というのを聞いたことはないか？　「国語」で習ってはいないか？

愛　話の中身まではちょっと…。名前だけは覚えているんだけど。

爺　知らんか…。じゃ、話をしてみよう。こういう次第だ。
…中国の戦国時代（いまから2300年くらい前のことだ）に**荘子**という思想家がおってな、あるとき蝶になった夢を見た。そして、蝶の姿で楽しく飛び回っておった。ふと目が覚めると、荘子に戻っておった。蝶から人間に戻ったということだな。そんなふうにしているうちに、いったいぜんたい、荘子が蝶になった夢を見ているのか、蝶が荘子になった夢を見ているか、どっちか区別できなくなってしまったという。
こういうこともあるな。夢と現実の区別がつかない。だから「感覚」は信用できない、とな。わかったか。

智　うーん…。わかったけど…。

爺　とすると、感覚に依存する学問は、100パーセント確実、とはいえないな。疑おうと思えば疑える。だから、感覚に依存する天文学や医学は疑える。

智　「感覚に依存する」？

爺　天文学は、肉眼だろうが望遠鏡だろうが、「視覚」という感覚に依存するな。医学も、見たりさわったりしないと、はじまらんな。

智　天文学や医学はアヤシイの？

爺　そうじゃない。あくまで、疑うことができる、ということよ。
…たとえば、ガリレオは「土星は、ほとんどつながった3つの星だ」といっておったな。

智　「ほとんどつながった3つの星」？　土星って「輪」じゃないの？

爺　そのとおり。輪だ。3つの星ではない。しかし、ガリレオの使っていた望遠鏡はそんなに性能がよくなくてのぉ。だから見まちがった。錯覚だ。こういうふうに天文学には危ういところがあるということだな。

…で、いろいろな学問が疑われて、最後に残ったのが**数学**だ。

愛　また、「数学」…。よく出てくるな。

爺　そう。また、「数学」だな。だが、この数学も疑われる。

智　数学も感覚に依存するから？

爺　いや、依存しないぞ。その証拠に、盲目の数学者なんてのがいたな。ロシアにな、ポントリャーギン（1908～88）という天才数学者がおった。

智　じゃ、全部、頭のなかでやっちゃうんだ。すごい！

爺　そういうこと。彼は五感に頼らんで、レベルの高い数学の研究をしておったな。

愛　じゃ、どうして数学を疑うことができるの？　錯覚はないじゃない。

爺　そう、錯覚はない。しかし、デカルトは、ちと無理な想定をしてみる。それでもって数学を疑ってみるな。…「邪悪な霊」というのを考えてみるのだ。

智　「ジャアクなレイ」？

爺　そう、邪悪な霊。

ワシらが数学の問題を考えるとしよう。たとえば、２＋３はいくつになるか、だ。と、ワシらが考えた瞬間、どこからともなく、耳元に「邪悪な霊」が現れてくる。そして、その霊がまちがった答えを耳元でささやいて、ワシらにマチガイを信じ込ませる。

智　ふぅーん、変なの。
爺　とすると、数学も安泰《あんたい》というわけにはいかんな。
愛　でも、かなりムリな話ね。「邪悪な霊」って。
爺　だが、可能性がゼロパーセント、とは言いきれん。いるかもしれん。
愛　それはそうだけど…。
爺　というわけでな。この世に確実なものは何ひとつない、というのが第一省察の結論だ。

〈省察その2〉
爺　さてだ、確実なことは、本当に何もないのかな？
愛　ないんでしょ。ムリムリな「邪悪な霊」まで出しているから。
爺　しかしながらだ、「ワシが疑っていること」という事実は疑えないのではないか？　これだけは確実ではないか？
智　たしかに、自分が疑っているということ自体は疑えないね。
爺　たとえ、邪悪な霊にだまされているにしても、ワシが疑っていることは確かではないか？
愛　そうだね。それだけは、ね。
爺　ワシが「疑っている」ということ、いい換えると「考えている」ということは確実だな？
智　うん。
爺　ここから、「**われ思う、ゆえにわれあり**」という言葉が出てきたんだな。根本的な真理だ。

これで疑いようのない真理がみつかった。それは、「考えている私」がいる、ということだ。これはまちがいない。これが、議論の出発点になるな。「ゆるぎない学問」の土台になるな。いいか？

愛　いいよ。でも、その先はどうなるの？　何も始まらないような気がするんだけど。

爺　いや、そんなことはない。まぁ、あせらんと、話を聞きなさい。

さて、「考えている私」がいることはわかったな。で、ちと考えよう。「私とは何か？」とな。

智　「私とは何か？」って？

愛　人間でしょ。「私」は。

爺　じゃ、「人間」とは何か？

愛　人間ってのは、直立歩行《ちょくりつほこう》するんです。ほかの動物とはちがって。

爺　2本足で歩くということだな。じゃ、足があるということだな？

愛　2本、あります。

爺　ホントにあるのか？

愛　見ればわかるじゃない。さわってもいいし…。

爺　しかしながらだ、「感覚」は疑われておる。今の段階ではな。

愛　あっ、そうだった！　そういえば、そうだった…。

爺　見ればわかる、といっても「視覚」は疑われておる。さわってわかる、といっても「触覚」も疑われておる。

愛　じゃ、どうなるの？

爺　ようするに、手や足があるかどうかは、さしあたって保証がないということだ。身体についてはまだ保証されておらん。

愛　うーん。たしかに、理屈ではそうだけど…。でも、やっぱり手や足はあると思う。

爺　ワシだって、あると思うとる。だがな、ここは、とりあえず、デカルトさんの話にのっておくれ。すべてが夢かもしれんのだ。今の段階では。

…それで、結局な、「私とは何か？」の答えは、**「私とは考えるものである」**だ。

愛　「私とは考えるものである」ね…。そういうことか…。しょうがないね。

爺　そう、「私とは考えるもの」であって、それ以上でもそれ以下でもない。「私」は、ただひたすら「考えるもの」だな。

〈省察その3〉

爺　第三省察は、「神の存在証明」だ。

智　ん？「カミのソンザイショウメイ」って、何？

爺　神が存在することを、論理的に証明するのだ。神というのは、もちろん、唯一神ヤハウェ（エホバ）のこと、聖書の神のことだがな。

愛　神がいることを「論理的に証明」？　そんなこと、できるの？

爺　さて、どうだろう。ま、大切なのは、デカルトが証明しようとしていることだ。

愛　その「証明」というのを、やってみせて。

爺　じゃ、証明に入るぞ。まず最初に、前提だ。「神は完全な存在」という前提だ。この前提は、いいか？

愛　「完全」ね…。いいとしましょう。でも、神がいるとすれば、…だけど。

爺　じゃ、よいな。神は、完全な存在だ。ワシらは頭のなかで「完全な存在」というものを考えることができる。

けれども、ワシら人間は不完全な存在だ。これもよいか？

愛　いいよ。人間に完璧というのはないから。

爺　さて、ここからが、ちとムツカシイ。

…ワシは10分前に存在した。そして5分前にも存在した。そして現在も存在している。たぶん、5分後も、また10分後も、存在するだろうな。

ところで、ワシは、5分前に存在したからといって、現在かならず存在できるだろうか？　いま存在しているからといって、かならず5分後に存在できるだろうか？

愛　突然死しなければ、存在できるんじゃない？

爺　突然死？　…そういうことじゃない。ワシのいいたいのは、こういうことだ。

…もしかしたら、ワシは、次の一瞬にはバラバラになってくずれおちてしまうかもしれん、「無」になってしまうかもしれん、ということだ。しかし、実際は存続している。存在が維持されている。

智　そういう意味か…。かなり深い話だね…。常識からかけ離れているけど。

愛　たしかに、じっくり考えてみると、つくづく不思議。わたしたちが、一瞬一瞬、存在し続けていることは。

…そう、こういうことだって考えられる。次の瞬間、わたしも、みんなも、突然フッと消えてしまう。そして、物も、何もかもなくなって、世界全体が空っぽになってしまう…。

智　こわい…。

爺　たしかに、そういうことを考えることもできるだろう。

だが、存続している。ワシらの存在は、一瞬一瞬、維持されている。

智　うん。

爺　ワシらが、自分の力で存在を維持しているのだろうか。

智　どういうこと?

爺　「5分後も存在しよう」という意識がワシらにはあるか?　5分後にも自分を存在させる力が自分にそなわっている、とワシらは実感できるか?

愛　…できない。

爺　とすると、ワシら人間は、自分自身の力で自分の存在を維持しているのではないことになる。

智　そうなるね。

爺　では、一瞬一瞬、ワシらを存続させているものが別に存在しているのではないか?　人間以外にそういうものが存在しているのではないか?

智　はぁ?

爺　で、それは石ころではないな?

愛　もちろん。…石じゃない。

爺　石ころは、ワシらよりも不完全な存在だからな。とすると、ワシらを存続させているのは、人間よりも「完全な存在」だろうな？

愛　うーん…。

爺　で、ワシらは、「完全な存在」として神というものを考えることができる、といったな？

愛　たしかに。考えられることは…認めたけど…。

爺　では、ワシらの存在を存続させているのは「神」だな。

智　…。

爺　では、神は実在するな？

智　…。

愛　うーん…。たしかに、この話の流れではそうなってしまうんだけど、…おかしいな。…どこで、おじいちゃんにだまされちゃったのかな？

智　そうだよね。なにか変だよね。どこだろう？

爺　「だます」などとは、失礼な…。しかし、だ…。

智　しかし？

爺　じつのところ、ワシ自身、この証明には納得しておらん。ワシは、ただ、デカルトの証明を追っかけてみただけでな。

愛　やっぱり。

爺　デカルトからだいたい150年後にカントという哲学者が現れて、そのカントが、神が現実に存在することを理屈で証明することはできない、とはっきりと論じてな、ほぼ決着しておるのだ。この問題についてはな。

愛　なんだ、そうだったの。

爺　さて、デカルトに戻るぞ。とりあえず、神が実在することが証明された。いいか？

智　「とりあえず」、ね。

〈省察その4〉

爺　これで、神がいる、ということが確かめられたな。

愛　そういうことにしておきましょう。

爺　「完全・完璧な神」が存在する。で、この神は「誠実」だろうな？

智　誠実？

爺　誠実というのは、ウソツキ野郎、インチキ野郎ではないということだ。

愛　それはそうでしょ。そんなのは「完全」じゃない。だいたい「神」じゃない。

爺　じゃ、「神は誠実」ということでいいな。

智　いいよ。

爺　するとだ、このワシにとって**明晰**《めいせき》・**判明**《はんめい》にわかることがウソだということがありうるだろうか？

智　何なの、「明晰・判明」って？

爺　明晰・判明というのは、「はっきり、くっきり」ということだ。で、ワシにとって何よりもはっきりくっきりしていることがもしインチキだとしたら、それは神様がワシをだましていることになるんじゃないか？　この世界をつくり、世界全体を管理している神様がワシをあざむいているということになるな？

愛　そういうことになるかな？

爺　たとえば、２＋３＝５というのは、明晰・判明だな？　はっきりしたことだな？

智　そうだね。はっきりしてるね。

愛　でも、「邪悪の霊」が、わたしたちをだましているかもしれない…。

爺　たしかにそうだった。〈省察その１〉の段階ではな。だが…、神様自身が「邪悪な霊」ということはありえんだろう？

愛　神は「誠実」、なんでしょ？　じゃ、ありえない。

爺　ちと数学の授業風景を想像してくれ。もし邪悪な霊がみんなをだましているとすれば、邪悪な霊が教室のなかに40人分現れて、みんなの耳元でマチガッタ答えを、50分ものあいだ、ふきこみ続けておることになる。しかも数学の授業は全国津々浦々の学校で行なわれとる。ちと、こんな状況を想像してくれ。

愛　全国各地の学校は、邪悪な霊だらけ、ね。

爺　そんなふうに邪悪な霊を野放しにすることを、全能の神、誠実な神がなさるだろうか？

愛　なさらない、っていうんでしょ。

爺　そのとおり。だから、ワシらが明晰・判明にわかることは「真」なのだ。

〈省察その5〉

爺　ここからは議論が逆戻りするぞ。

智　戻るの？

爺　そう。これで、ワシらにとって明晰・判明なことは、真、まちがいない、ということがわかったな。

愛　うん。

爺　では、ワシらにとってまず最初に明晰・判明なことは何かな？

智　何なの、ぼくたちにとって一番明晰・判明なことって？

爺　それは**数学**だ。第一、感覚に依存しないからのぉ。錯覚はありえん。２＋３＝５だとか、三角形の内角の和は１８０度、というのが、まず最初に真なのだな。

〈省察その6〉

爺　今度は、ワシらの感覚に訴えてくる事実だ。視覚や触覚に訴えてくる事実だ。これも、結局は、認められる。条件付きだがな。

愛　条件付き？

爺　「明晰・判明であるかぎりで」という条件付きでな。ようするに、はっきり、くっきり見えるものなら、確実で真、ということだな。土星の「輪」は、ガリレオには明晰・判明ではなかったということだ。望遠鏡の性能が悪かったからな。

智　なるほど。

爺　…これで話はだいたい終わりなんだが、ちと第二省察に戻ってみよう。じつは、そこに「物体とは何か?」という議論があったのだ。

愛　「物体とは何か?」?

爺　そう、「物体とは何か?」だ。「私とは何か?」という問いかけがあって、「私とは考えるものである(そして手足や胴体ではない)」という結論が出たな? これを忘れないようにしておいておくれ。で、これに対して、「物体とは何か?」だ。

愛　「物体」ね。

智　「物体」といっても、いろいろあるからね…。

爺　そこよ。そこで、デカルトは蜜ロウという物をもちだしてくる。これが有名な「**蜜ロウの比喩**」だ。

智　蜜ロウって何なの?

爺　たしかに、ちと変わった物をもちだしてきたな、デカルトさんは。…蜜ロウとはな、ミツバチの巣の材料だ。あの六角形の巣の。

智　ふぅーん。巣は見たことがあるよ。

爺　蜜はミツバチのおなかでロウに変えられて、分泌されて、それが巣の材料になるな。で、ワシら人間が蜜ロウを手に入れようとするときにはな、ハチの巣から蜜を取った後、熱を加えてゆく。すると、蜜ロウがとれる。

智　「とれる」って、それ、何に使うの？

爺　ロウというから、ロウソクに使われたりもするな。だが、現代ではロウソクの原料はほとんどパラフィン、つまり石油でな。で、蜜ロウは、口紅によく使われとる。

愛　で、その蜜ロウがどうしたの。

爺　デカルトは「物体が何か」を論じるときに、物体の代表として蜜ロウをもちだすのだ。
…さて、ここに蜜ロウのかたまりがあるとしよう。それは、なめれば蜜の味がするし、ハチが集めた花の香りもあるな。たたけばコンコンと音がするし、色は、黄色っぽい。ところがだ、この蜜ロウを火に近づけてみる。蜜ロウは60度くらいで融《と》けてしまうから、火に近づけると、柔らかく液体のようになって、味がなくなり、香りを失い、色は透明に近くなってくる。もちろん叩いても音はしない。
別の物体とすり替えたわけでもないのに、性質がまったく変わってしまったな。

智　ふぅーん。不思議な物質だね、蜜ロウって。

爺　では、火に近づける前と後で、変わっていないこととは何かな？

智　何かあるの？　火に近づけると性質がみんな変わっちゃうんでしょ？　色も味もにおいも…。

爺　あるな。

愛　あるの…？

爺　それはな、「広がり」があるということだ。〈長さ・幅・深さ〉があるということだ。

愛　でも、サイズは変わっているんでしょ？

爺　そう。たしかにサイズは変わる。しかし、〈長さ・幅・深さ〉がある、ということは変わっておらん。

愛　まぁ、そうね。

爺　ここから、デカルトは、「**物体とは広がりをもつものである**」という結論を出す。

愛　「物体とは何か？」の答えは、「広がりをもつものである」か。うーん。でも、蜜ロウって特殊な物体でしょ。そんなもので「物体」を代表させていいの？

爺　蜜ロウでは悪いか？　それに、何か別の物で、「物体」の代表になるものがあるか？

愛　うーん。…そういわれると。ちょっと思いつかないんだけど…。

爺　まぁ、たしかに、これはデカルトの戦略かもしれん。とりあえずここは彼の議論にのってくれ。

というわけで、物体とは「長さ・幅・深さをもつもの」だ。ただたんに「広がりをもつもの」だ。それ以上でもそれ以下でもない。

…さて、これまでの話を踏まえて、デカルトの世界観を図にしてみたぞ。有名なデカルトの「**物心二元論**」だ。左側が**物**の世界だな。これは見たりさわったりできる。だから、「感覚的事物」だ。で、物は「広がり」をもつ。だが、物は「考え」ない。

そして、右側が**心**の世界。で、心は「考え」る。だが、心に「広がり」はない。これは、見たりさわったりできないから「非感覚的事物」に属するな。

智　ふぅーん。

〔…〕

デカルトの物心二元論

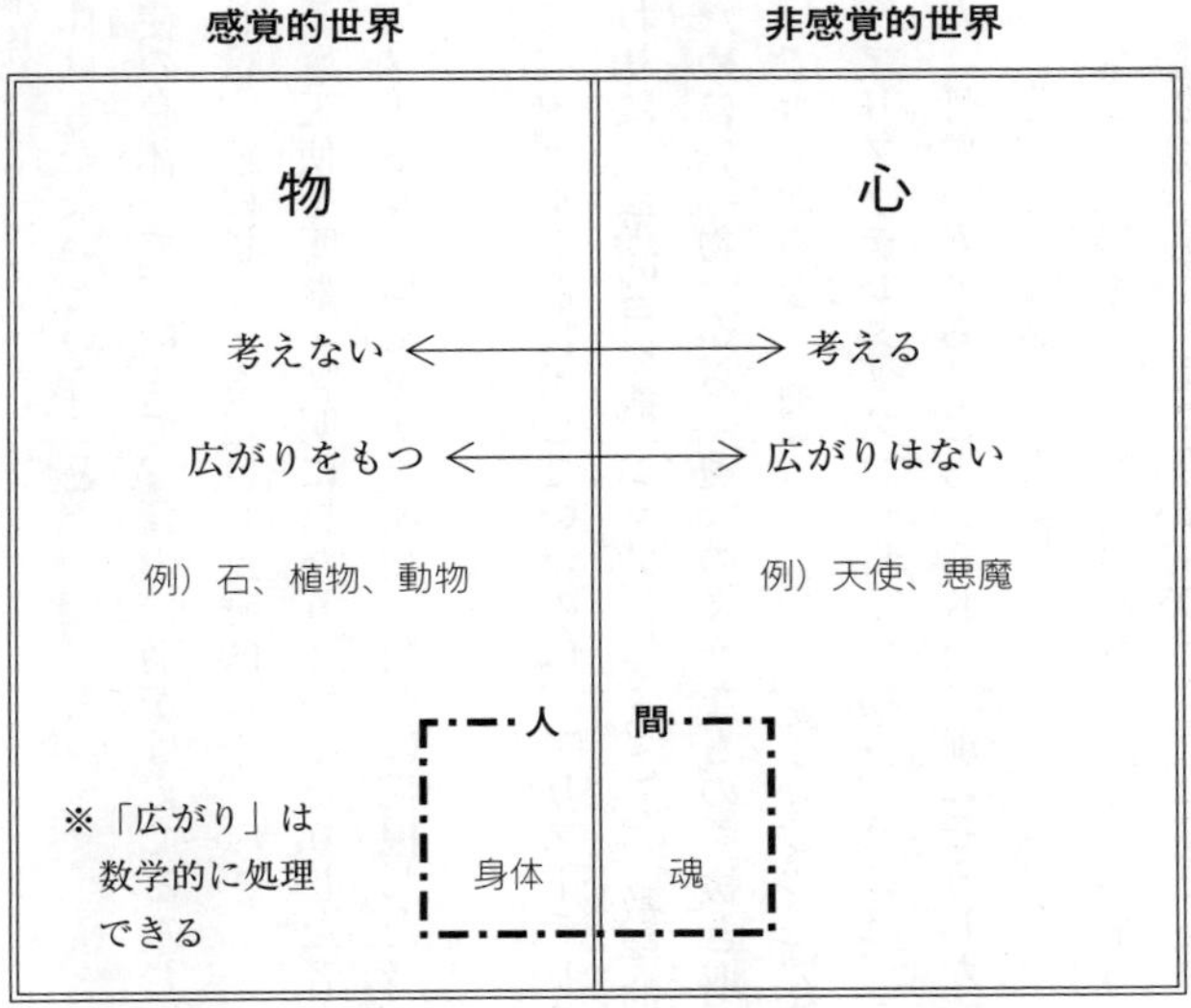

爺　これでわかったかな、ワシが最初に、デカルトは物体から魂を抜き取ったといった意味が？

愛　まぁ、だいたい。

爺　図のように、デカルトは、「物」の世界と「心」の世界をまっぷたつに分けてしまう。「物」の世界と「心」の世界は、まったく別ものだ。

　すると、物には、「心」、「魂」が入り込む余地はないな？

智　うん。

爺　物にあるのは「広がり」だけだ。いい換えると、〈長さ・幅・深さ〉だけだ。これは測れるな。ということは、数値化できる、**数学的に処理**できるということだ。

　…さて、今度は右側のほう。心の世界。魂の世界だ。人間の心はここに含まれるな。それから、天使がおる。天使は、純粋に精神的な存在というな。

智　「純粋に精神的」？

爺　身体はもたないということだ。

智　天使の身体って、白くて、背中に羽がはえてるんじゃないの？

爺　それは、絵に描くときだけ。比喩的にな。

そもそも天使を明晰・判明に見たりさわったりした者がおるか？　天使の羽を測って、そのタテ・ヨコ・厚みが何メートル、何センチと明晰・判明に把握した者がおるか？

愛　…。

爺　さて、デカルトが目指していたのは、アリストテレス流の「**質的自然観**」をしりぞけること。そして、その代わりに、「**量的自然観**」をうちたてること、数学的自然観をうちたてること、だったのだ。

そのためには「物」から「魂」のようなものを抜き取らなければならなかった。「心」に定規をあてて測ることはできんからな。「魂」に〈長さ・幅・深さ〉はないからな。

さて、アリストテレス＝スコラ哲学の場合、物には、「重さ」「軽さ」「熱さ」「冷たさ」「白さ」「黒さ」…といった「性質」がある、と考えられた。前にそうした話をしたな？

智　あったね、そんな話。（↓92頁）

爺　で、「重さ」「軽さ」「熱さ」「冷たさ」「堅さ」「柔らかさ」「白さ」「黒さ」といったものだが、どの「性質」も、量的というよりは質的なものだ。そして前にいったように、じつのところ、こういった「性質」は「魂」的なものだった。（↓96頁）

で、測りにくい。数値化しにくい。明晰・判明とはいえん。どちらかというと、曖昧だ。デカルトはこれを嫌った。そして蜜ロウの比喩をもちだしてきて、物体からすべての「性質」を剥ぎ取ってしまった。残ったのは、測ることのできる「広がり」だけだ。

愛　なるほど。

爺　デカルトは、こんな話もしとる。羽の「くすぐったさ」という「性質」についてだ。

智　「くすぐったさ」？

爺　羽がくすぐったい、というのはいいか？　くちびるに触れたりすると、くすぐったくないか？

愛　くすぐったいよ。

爺　では、羽には「くすぐったさ」という性質がそなわっているのか？

愛　ちがうよ。くすぐったいのは、わたしたち、人間の、感じ方。

爺　そうだろう。もともと羽に「くすぐったさ」という「性質」があるのではないな。デカルトは、こうやって、「性質」に疑いを向けて、「物」から「性質」を剥ぎ取っていった。そして、その代わりに数値化、数量化した。

智　数値化？

爺　たとえば、こんな次第。「熱さ」については、こう数値化してしまう。
熱とは、物体を構成する微粒子の震動《しんどう》だな、運動だな。微粒子が、激しく震動していれば、より「熱い（温度が高い）」ということだ。で、運動の激しさは、スピード、つまり距離と時間によって数値化できる。

愛　なるほど…。

爺　そして、「堅さ」については、こう数値化してしまう。物体が堅いというのは、その物体を形作っている微粒子がぎっしりと触れあっておることだ。「ぎっしり」とは、つまり粒子のあいだに隙間がないこと、距離が小さいということだ。

智　すごいね、デカルト！　どんどん数値化しちゃうね。

愛　でも、これ、当たり前じゃないの。いま、科学では、ふつう、こう考えているでしょ？

爺　そのとおり。だが、いいか、当たり前になったのはデカルトのおかげなのだ。数学を中心として自然科学をまとめ上げる、というのはいまや常識。しかしながら、デカルト以前はそうではなかったのよ。いまから４００年も前のことだ。江戸時代のはじめだ。その頃に、「物」には魂のようなものはない、たんに「広がり」しかない、と言い切ったところはすごかったな。

愛　そうかなぁ…。ホントに「すごかった」の？

爺　じゃ、いいか。「物」と「魂」を分け隔てるとはこういうことなのだぞ。…「甲子園の土」もただの土だ。そのあたりの公園の土と同じ。デカルトがいっているのはそういうことなのだ。土は、しょせん、土。広がりをもつものにすぎん。魂のようなものは、こもっていないからな。

智　甲子園の土か…。たしかに、それは、そうだけど…。

爺　墓石もただの「岩」。○□家の墓石も、△×家の墓石も、どこかの山の石ころと同じ。神社でもらう、お守りやお札も、ただの板きれ、紙きれにすぎん。

智　身も蓋《ふた》もないね…。

愛　でも、大胆。

爺 そう、かなり大胆だったな。というのも、敵はスコラ哲学者だけではなかったからな。

愛 ほかにもいたの？ 敵が？

爺 そうだ。敵は、アリストテレスの権威にしがみついていた連中だけではなかった。
じつは、アリストテレスに反発していた自然学者たちも、デカルトの敵だったな。

愛 反アリストテレス主義者たちも…？

爺 そう、たとえば、**ベルナルディーノ・テレジオ**（1508〜88）だ。イタリア・ルネサンスの自然哲学者だ。彼は、世界の万物には「感覚」がそなわっている、といっておった。

智 物体にも感覚が…。

爺 そう。物体にも霊魂《アニマ》があるということだ。

智 ふぅーん…。

爺 **ジョルダーノ・ブルーノ**（1548〜1600）というのもおる。ブルーノは、宇宙が無限であることを主張して、火あぶりになってしまったな。

智 痛そう！

爺 そのブルーノも、万物には霊魂が宿っていると考えておった。

爺 ほかにもおる。**G・B・デッラ・ポルタ**（1550〜1615）もそう。デッラ・ポルタは『自然魔術』という本を書いておる。これをデカルトも若い頃に読んでいたらしい。このデッラ・ポルタは、自然を、宇宙を、ひとつの生き物と考えておった。

智 自然の全体が、ひとつの生き物？

爺　…というわけでな、デカルトのまわりは敵だらけだったな。

愛　いま名前が出てきたのは、みんな反アリストテレスなの？

爺　そうなのだ。テレジオも、ブルーノも、デッラ・ポルタもな。たしかに反アリストテレスだ。ところが、みな、自然のなかに霊魂のようなものをみてとっておった。

智　ふぅーん。そうなのか。

爺　いいか、デカルトはな、そういう状況のなかで、あえて物と心を完全に切り離した。この意味で、デカルトは時代を飛び抜けた存在だったんだ。真に独創的だった。

愛　そうだったの。デカルトって、すごかったんだ…。

爺　それだけではない。デカルトは「場所」からも魂を抜き取った。

愛　それ、さっきいわれたんだけど、意味がわからなかった。

爺　デカルトにいわせれば、物体イコール〈長さ・幅・深さ〉、物体イコール広がり、広がりイコール物体だ。物体に魂がこもっていないように、広がり、つまり空間、場所にも、魂はこもっていない。

智　それ、どういうこと？

爺　特別な場所、特別な空間はないということだな。

アリストテレスは、「上」、「下」を考えておった。絶対的な「上」と「下」だ。地球の中心が、一番「下」だった。そして、ずっと上、「上」の「上」、空の果てには星々がある。星々は神のごとき存在だな。だから、そこは神聖な場所だ。

しかし、デカルトになると、もうそうではない。「上」も「下」もない。神の居場所はない。地獄もなけ

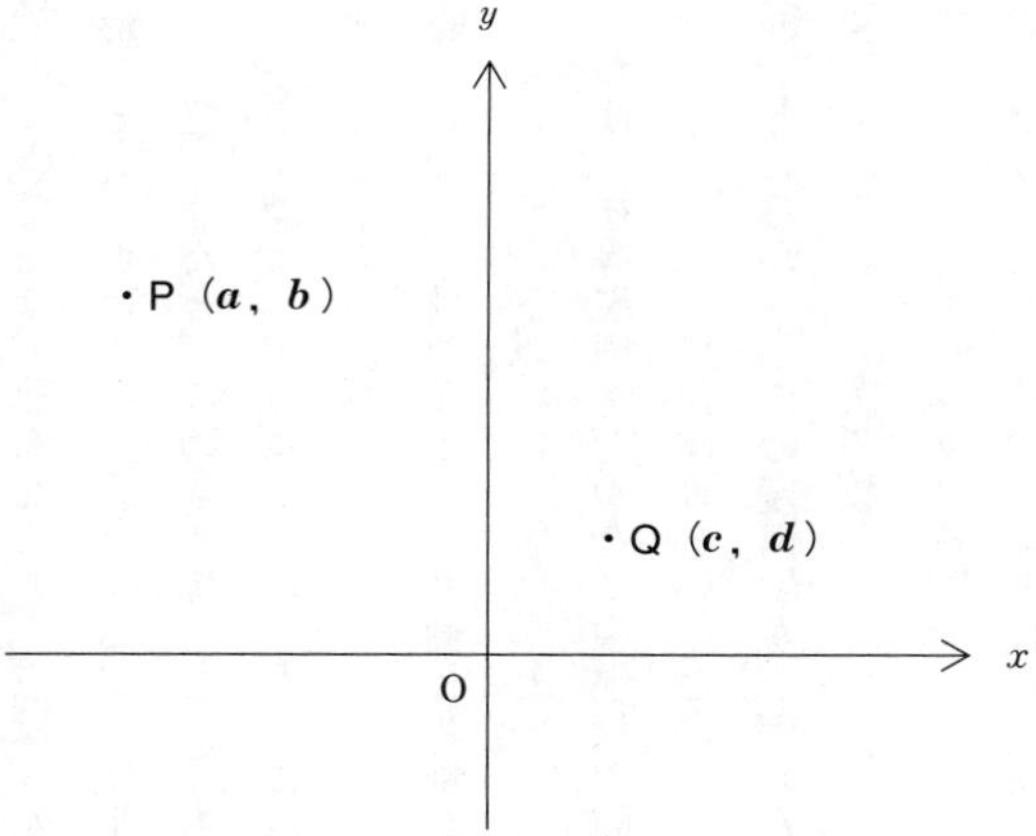

れば、魔界もない。

智　はぁ？

爺　聖地もなければ、禁断の地もない。どこもかしこも、同じ。

「魔の三角地帯」なんてものもない。妖怪たちの住む森もない。木霊《こだま》の住む森もない。トンネルをくぐったら湯婆婆《ゆばーば》の経営する湯屋があった、なんてこともない…。

智　夢がない…。味気ない世界だね。

爺　そうかもしれん、たしかにな。だが、近代科学が羽ばたくためにはどうしても必要な作業だったたな。

というのもな、これで自然法則が、いたるところ同じように適用できるようになるからだ。特別な場所はない。地球でも、何十億光年離れた場所でも、落下の法則は同じように成り立つ。まったく変わらん。

ちと座標を見てごらん。お馴染みのx‐y座標だ。

智　うん。

爺　点P（a、b）と点Q（c、d）がある。この2つの点のちがいは、どこにあるかな？

智　ちがい？

愛　数字だけでしょ。

爺　そう、座標だけだ。点Pのほうが点Qよりも「価値」が高い、なんてことがあるか？

愛　ないでしょ、そんなこと。点はみんな同じ。どこにあっても。

爺　というわけでな。ようするに、聖地もなければ地獄の底もない。どこもかしこも同じ。…で、なんと、この「座標」というものを考え出したのはデカルトなのだ。だから、ワシらがふつう使っている座標は「デカルト座標」とよばれておる。

智　「デカルト座標」？

爺　x軸‐y軸のことよ。x軸とy軸が直角に交わっているから、「直交座標」ともいうな。で、デカルト以前は、幾何学といえば、平行だの、相似だの、合同だのが出てくる、いわゆる**初等幾何学**だった。中学校で勉強しただろう？

智　やったね。錯角《さっかく》は等しい、とか。

爺　ところが、座標の幾何学が、デカルトとともに現れた。これを「**解析幾何学**」という。

愛　1次関数、2次関数…。

智　「傾き」とか、「y切片」だ！

爺　そうだな、直線や曲線を数式を使って表そうというのが解析幾何学だな。

爺　というわけでな、デカルトのくわだてが、わかってきただろう。

愛　うん、だいたい…。

爺　また「だいたい」か？　ま、よし、とするか。とにかく、こういうふうにして、デカルトは学問のあり方を根本的にひっくり返そうとした。数学というものを学問の中心に据《す》えて、学問の枠組みを変えようとした。アリストテレスの質的自然観を、量的自然観に転換しようとしたのだな。
　ようするに、「**機械論的自然観**」を打ちだそうとしたのだ。

智　「キカイロンテキ・シゼンカン」？

爺　自然というか世界全体を、ひとつの「からくり」と考えるのを、「**機械論的自然観**」という。当時は、代表的な機械というと、時計だな。ゼンマイ仕掛けの時計だ。だから、世界を、ひとつの時計細工のようなものとして見てとるということだな。

智　いまでは、自動的に動く機械といっても、時計だけじゃなくて、いろいろあるよね。

爺　そのとおり。
　…で、デカルトは「心」と「物」を分離した。「物」には魂のようなものはない。「物」のなかには霊のようなものはない。だから「物」はただの「からくり」だな。部品の寄せ集めだ。

智　からくり、か…。

爺　…ところで、物としては、石のような無生物だけでなく、植物、動物のような生き物も入る。
智　動物まで？
愛　じゃ、犬や猫は「考え」ないの？
爺　考えないな。「魂」がないからな。たんなる「からくり」にすぎん。
智　そんなバカな。じゃ、パトラッシュも「からくり」？　アイボと同じなの？
爺　アイボやアシモと同じらしい。デカルトの物心二元論では、な。
智　ぼくはデカルトを許せない。パトラッシュには心があるよ、ポチにもね、絶対。
爺　「デカルトを許せない」とは、昔、パスカルもいっておったな。もっとも、理由は別のところにあったのだが…。
　さて、デカルトの物心二元論の図にあるように、人間だけが左の「物」の領域と右側の「心」の領域にまたがっておる。身体があるからな。身体は「物」の領域に属するな。
愛　身体だけ？
爺　身体だけだ。身体には〈広がり〉＝〈長さ・幅・深さ〉があるから。
愛　なんか、ついてゆけない、わたし。
爺　身体は body というな。だがな、辞書をひいてごらん。body には「物体」という意味もある。
智　〔英和辞典をひいてみる〕…あ、ホントだ。
愛　body は「身体」でもあれば「物体」でもある…。
　…あら、でもデカルトってフランス人でしょ？　body って英語じゃない？

爺　そう。しかし、フランス語でもそうなんだな。フランス語ではcorpsという。corpsも、「身体」でもあれば「物体」でもある。だから、ヨーロッパ人は、「身体」と「物」を一緒くたにしても、さして気にならんらしい。

愛　なんか、納得できない。

〔…〕

爺　ところで、デカルトは、『方法序説』という本のなかで、いっておった。自分は「書物による学問」をまったく捨てた、そして「世間（＝世界）という大きな書物」のうちに見いだされる学問以外には何も求めない、とな。で、この「書物による学問」というのには、もちろん、スコラ哲学も入っとる。で、デカルトは、こういうものをまったく捨て去って、「世間（＝世界）という大きな書物」に面と向かって、「私」にとって明晰・判明なものをつかまえて、それらを整理して、確実な学問を築き上げようとしていったな。ここが、デカルトが近代哲学の祖であるゆえんなのだ。

愛　「近代哲学の祖」？　そんなにエライのかなぁ？　まだいまひとつわからないんだけど、デカルトの偉さが…。

爺　さっきもいったように、当時はまだまだキリスト教の権威がたいへん強かった時代だ。それから、宗教戦争というのもあった。

智　「宗教戦争」？

爺 ドイツのルターが宗教改革を起こして以来、ヨーロッパではカトリックだのプロテスタントだのが入り乱れて、混乱がしばらく続いていたな。

智 そういえば、宗教戦争というのは歴史の授業で習ったような気がする。

爺 ドイツでは「三十年戦争」というのになってしまってな、国土はすっかり荒れ果てて、人口は減少し、なんと1／2近くまで少なくなったともいわれておる。

智 人口がほとんど半分に！ ひぇぇ！

爺 で、デカルトもこの三十年戦争（1618～48）に参加しておった。有名なガリレオ裁判というのもあった。ガリレオは地動説を支持したかどで宗教裁判にかけられて説の放棄を命じられたな。そういう時代でな。その時代に、権威あるスコラ哲学者たちのいっていることはさておき（そして、聖書に書いてあることもさておき）、まずもって「私」にとって明晰・判明なことが真なのだ、と宣言することは、かなり大胆なことだったのだ。ちょっと筆が滑《すべ》れば、簡単に首が飛んでしまう時代だ。さっきも出てきた話だがな、ブルーノだって、「宇宙は無限である」といったために、生きながら焼かれてしまっての。

…ところで、デカルトの話の最初で、「ひとり」で、といっただろう?

愛 たしか、そうだった。『省察』の最初だね。

爺 「ひとり」というのは、だれにも頼らない、どんな権威にも従わない、ということだ。どんな偉い人がいっていることであろうとな。どんな権威ある本に書いてあることだろうとな。とりあえず、信用しないいんだ。デカルトは疑って、疑って、疑いぬいて、いったん全部捨てた。「あのアリストテレスがそういっているんだから…」（とか、「聖書にそう書いてあるんだから…」）というのはもう通用しない。

智　ふぅーん。

愛　今でいうと、「教科書に書いてあるから…」「ノーベル賞を取った先生がいっているから…」ではダメだ、ということかな。すべてを疑ってみるんだから。

爺　な、気概《きがい》を感じるだろう？
デカルトは、自分の頭で筋道立てて考えて、これはマチガイないと思えること（たとえば数学的事実）、そして自分の2つの目で見て、（それを手でさわって、）「これは明晰・判明でまちがいない」と思えることだけを、まず最初に「真理」として打ち立てようとしたんだな。

智　そういうことか。だんだんデカルトのすごさがわかってきたような気がする…。デカルトって男らしい！

爺　やっとわかってくれたか。よかった、よかった、ほんとによかった…。
…？　どうした、愛？

愛　うーん…。たしかに、デカルトがすごい哲学者だったっていうのは、わかったんだけれど。まだ、ちょっと、ひっかかるの。

爺　何がひっかかる？

愛　ひっかかるのは、やっぱり「神の存在証明」とか、「神の誠実」っていうところ…。「神の存在証明」って、どうしても必要なの？　なしでは済まないの？

爺　気持ちはわかる。全知全能の「神」というのが、ワシら日本人にはどうもしっくりこないからな。
…じつは、デカルトも、若い頃は「神」なしで済ませられると思っていたらしいな。

愛　そうなの、若い頃は、デカルトも…？

爺　でも、いろいろ考え、やはり神が存在してくれないとダメだ、と気づいたらしい。
　思い出してごらん。神がいないと、ワシらは「邪悪な霊」にだまされっぱなし、一生だまされ続けるということもありうるのよ。どれほど明晰・判明であろうと、ワシらが見たり、さわったり、聞いたりしていることがすべて幻、ということがありうる。それどころか数学さえアヤシクなってしまう。

愛　たしかにそうだった…。

爺　神が「誠実」だからこそ、ワシらが見たりさわったりしている世界が、そのまま「ありのままの世界」なのだ。神様はウソつきではないから、「あるがままの世界」をワシらに見させ、さわらせてくださってお るとな。
　だが…、神がいなくなったら…。

愛　いなくなったら…。

爺　ワシらが見たりさわったりしている世界が、「ありのままの世界」「世界そのもの」だという保証はどこにもない。

愛　そうか…。たしかに…。

爺　…さて、後でワシらはカントという哲学者のことを勉強する。

智　カントって、さっき名前が出てきた…。(↓109頁)

愛　「神の存在証明」を否定した人でしょ。

爺　そのとおり。で、このカントによれば、ワシらは「ありのままの世界」を見たり、さわったりはできないというな。「もの」そのものを見たり、さわったりすることはけっしてできないというな。

智　やっぱり、神がいてくれないとそこまでいっちゃうのか…。

主観の哲学

①バークリー――存在するとは知覚されることである

爺　…さて、おおまかにいって、「近代哲学」とは「主観（subject）」の哲学だった。その主観の哲学の土台をデカルトが最初にうち立てた。

智　「主観」？

爺　近代哲学では「主観（subject）」とはデカルトの「われ」のことだ。考える「われ」だ。これがすべてのはじまり、根拠、土台だな。考える「われ」が存在することは、どうしても疑えなかったからのぉ。

智　「主観」って、「われ＝私」のこと？

爺　そう。「考える私」だ。

subject というのは、ラテン語で subiectum＝sub（下に）＋iectum（据《す》えられたもの）でな。「下に据えられたもの」とは、すべての根底、基礎となるもの、という意味だ。で、いまや、それが「われ」ということなんだな。

愛　「われ＝私」が、根底、基礎…。

爺　けれど、以前はそうではなかった。

まず第一に存在するものは、アリストテレスでは何だったかな？

智　アリストテレス？　何だったっけ？

爺　「これ」「あれ」と指し示せるもの。「この人間」「あの馬」だったろう？

智　あっ、そうだった。思い出した…。（↓58頁）

爺　「これ」「あれ」は、主語になるな。「これは人間である」「あれは馬である」などとな。で、subject には「主語」という意味もあったろう？

愛　S＋V＋CとかS＋V＋OのSって、たしか subject のこと…。

爺　デカルトのおかげで subject の意味がひっくり返ってゆく。「これ」から「われ」へな。

愛　「これ」から「われ」へ…？　それって、だじゃれ？

爺　〔無視して〕まさに革命的な転換だな。デカルトがそれを準備した。根底に据えられるものが、「これ」から「われ」へと変わってしまうのだから。

智　ふぅーん。

爺　で、おおむね19世紀まで、ヨーロッパの哲学は「主観」の哲学だったと考えてよい。じつは、近代の「主観」の哲学にはいろいろ問題があるんだが、その本格的な反省となると、当分先の話、20世紀になってからだな。

智　じゃ、主観の哲学の時代は、何百年間も続いたのか…？

爺　そういうこと。では、いくつか例をあげよう…。そのほうがわかりやすいだろう。

そうさな…。まず最初に、アイルランドの哲学者**ジョージ・バークリ**（1685〜1753）とゆくか。彼は、**「存在するとは知覚されることである」**といっとったな。有名な言葉だ。

愛　「存在するとは知覚されることである」？

爺　そう、「存在するとは（私に）知覚されることである」だ。物が存在するかどうか、それは、この「私」に知覚されるかどうかによって決まる。だから、「私」に知覚されなければ、「存在」しない。存在するも存在しないも、万事、「われ＝私」次第、ということだ。

愛　「オレ様のお眼鏡にかなわないものは存在しないのだ！」ってことね。言い切ってる、バークリさん。かなり大胆。

智　…よく、わかんないんだけど。

人に知覚されても、知覚されなくても、物って、もともと**ある**んじゃないの？

爺　…うむ…。物は、「もともとある」か…。で、その「ある」というのは、まさしくワシらの見ているとおりに「ある」というのだな？

智　そうだよ。ぼくの見ているとおりに「ある」んだよ。

爺　うーむ。そういう、智のような考え方を、**「素朴実在論」**というな。

智　「ソボク実在論」？

爺　素朴に、物が実在しているのを信じているということよ。

…いいか、智。よく考えてみるのだ。ワシらがいなくとも、物は**ある**と思うか？　家でも山でも川でもよい、ワシらに見られたり、さわられたりしなくても、物はあると思うか?
智　あるでしょ?
爺　じゃ、ワシらがいないとき、それがあることをいったいだれが確かめる?
智　?　だれって、いわれても…。うーん…。
愛　だれも、確かめられない…。
爺　そうなんだ。たしかに、ワシらがいなくても物はあるだろう。たぶんな。しかし、あくまでそれは推測にすぎん。類推にすぎん。確かめようがない。
もしかしたら、ワシらが見ているときだけ存在して、ワシらが目をつぶっているときは消滅しているのかもしれん。
智　そんなバカな!
愛　でも、可能性ゼロ、とはいいきれない。
爺　そうなんだ。愛のいうとおり。
智　うーん、そうか…。そういわれると、そうだけど…。何かしっくり来ないな。
爺　しっくり来ないかもしれんな。それは仕方ない。そのほうが健全かもしれん。素朴実在論が健全なのはまちがいないからな。

② ヒューム——因果関係は「信念」にすぎない

爺 それから、バークリの後継者にスコットランド生まれの**デイヴィッド・ヒューム**（1711～76）というのがおる。彼も大胆だった。

愛 大胆？ 何をしたの？

爺 因果律に疑いの目を向けたからな。

智 「因果律」？

爺 「因果律」は「因果法則」ともいうな。因果律というのはな、原因と結果の結びつきのことだ。起こったことにはかならず何らかの原因がある、ということだ。

ヒューム

愛 「火のないところに煙は立たぬ」ということ？

爺 そのとおり。この場合は「火」が「原因」で「煙」が「結果」だな。で、ワシらは、ふつう、「火が煙を生みだす」と考えておるな？

智 うん、そうだよ。

爺 ところが、ヒュームは、この「生みだす」というところに疑いの目を向けてな。

愛 「疑いの目を向けた」って、いったいどういうこと？

爺 ではな、ちと例を出そう。…男と女が結婚して赤ちゃんが生まれるな？

智　そうだよ。

爺　今度の場合、父親と母親の結婚が「原因」で、生まれた赤ちゃんが「結果」だ。赤ちゃんの原因は、ほかにはないな？

智　うん、ないよ。

爺　ところがだ、ヒュームにいわせると、こういう原因と結果の結びつきはワシらの「信念」にすぎないという。「結婚→赤ちゃん」というつながりを、ワシらは、これまで何十回、何百回となく、見たり聞いたりしてきたから、てっきりそういうものだと思いこんでいるにすぎないんだ、とヒュームはいうな。

智　えっ、どういうこと？　わかんない？

爺　本当のところ、まれには、コウノトリが赤ちゃんを連れてくることがあるかもしれん。たまたまワシらがこれまでそれを見たり聞いたりしたことがないだけで…。

愛　やだ、コウノトリが？　…絵本で「見た」ことはあるけど…、ちっちゃい頃に…。

爺　「コウノトリ→赤ちゃん」というつながりの可能性もゼロ、とはいえんな。たまたま、ワシらがこれまで、そういうのを実際に見たことがないだけのこと。もしかしたら、あるかもしれん。明日にもあるかもしれん。いや、明日からは、赤ちゃんは、全部が全部、コウノトリが連れてくることになるかもしれんぞ。そうなったら、「結婚→赤ちゃん」という因果律はくずれてしまう。赤ちゃんという「結果」の「原因」はコウノトリになってしまうのだからな。

智　うーん…。

愛　たしかに、理屈ではそうかもしれないけど…。ちょっとムリっぽい、その話。

爺　たしかに無理な話。そもそもこんなことをやっていると、自然法則が全部疑われてしまって、とんでもないことになってしまうな（だからこそ、後でカントが何とかしようとしたのだが…）。だが、可能性ゼロとはいえん。

愛　うーん…。

爺　ま、とにかく、いまワシがいいたいのはこういうことだ。ここでも、「われ＝私」というものがかんじんかなめになっているということ、これだな。

愛　「われ＝私」が？　主観が？

爺　なっておるぞ。

ふつう、「原因Aと結果Bの結びつきがある」というのは、ワシらは、世界の側、物の側の話だと思っておる。「火」というものに「煙」を「生みだす」「力」がそなわっていると考えておる。

智　「火」というものに「煙」を「生み出す」「力」がそなわっている…か。

爺　だが、ヒュームにいわせると、逆なんだな。

愛　因果律は世界の側の話じゃない…？　どういうこと？

爺　そう、逆なのだ。最初にAというのが「私」に見られる、そしてその後Bというのがまた「私」に見られる（たとえば、最初に火を見る、そしてその後で煙を見る）。で、この経験を「私」が何度も繰り返すな。

：　「習慣」だな。

智　習慣ね…。

爺　すると、私がAとBを結びつけて、「A→B」（火→煙）という「信念」をもつようになる。だから、因果律というのは、「私」のたんなる「信念」にすぎん。

だから、「私」が「因果律」をつくりだす。「因果律」の土台となっているのは「私」なのだ。世界のほうじゃない（火が煙を「生みだす」、のではない）。

愛　因果関係は「われ＝私」の信念にすぎない…？

爺　「A→B」というのが、「私」と関係なく、世界の側で勝手に成立しているんじゃない。「私」に経験されてから、ようやく「A→B」ということが成立する。

愛　なるほど。たしかに、これも「私」のまわりで話が進められている。たしかに「主観」の哲学…。

③デカルトはプラトン主義か？

智　あれ？　また同じ図が出てるんだけど。

愛　プラトンのイデア論とデカルトの物心二元論ね。

爺　そうだ。…比較のために出してみたぞ、この2つの図をよくよく見ておくれ。どこか似てはおらんか。

智　そういえば、似てるような、似てないような…。

愛　感覚的世界と非感覚的世界に分かれてる、どっちも。

爺　そう。どちらも2つに分かれておる。**二元論**なのだ。**二世界説**なのだ。

そいでもって、じつは、さっきとは向きがちがうな。デカルトの図を90度回転させてみた。こうすると、

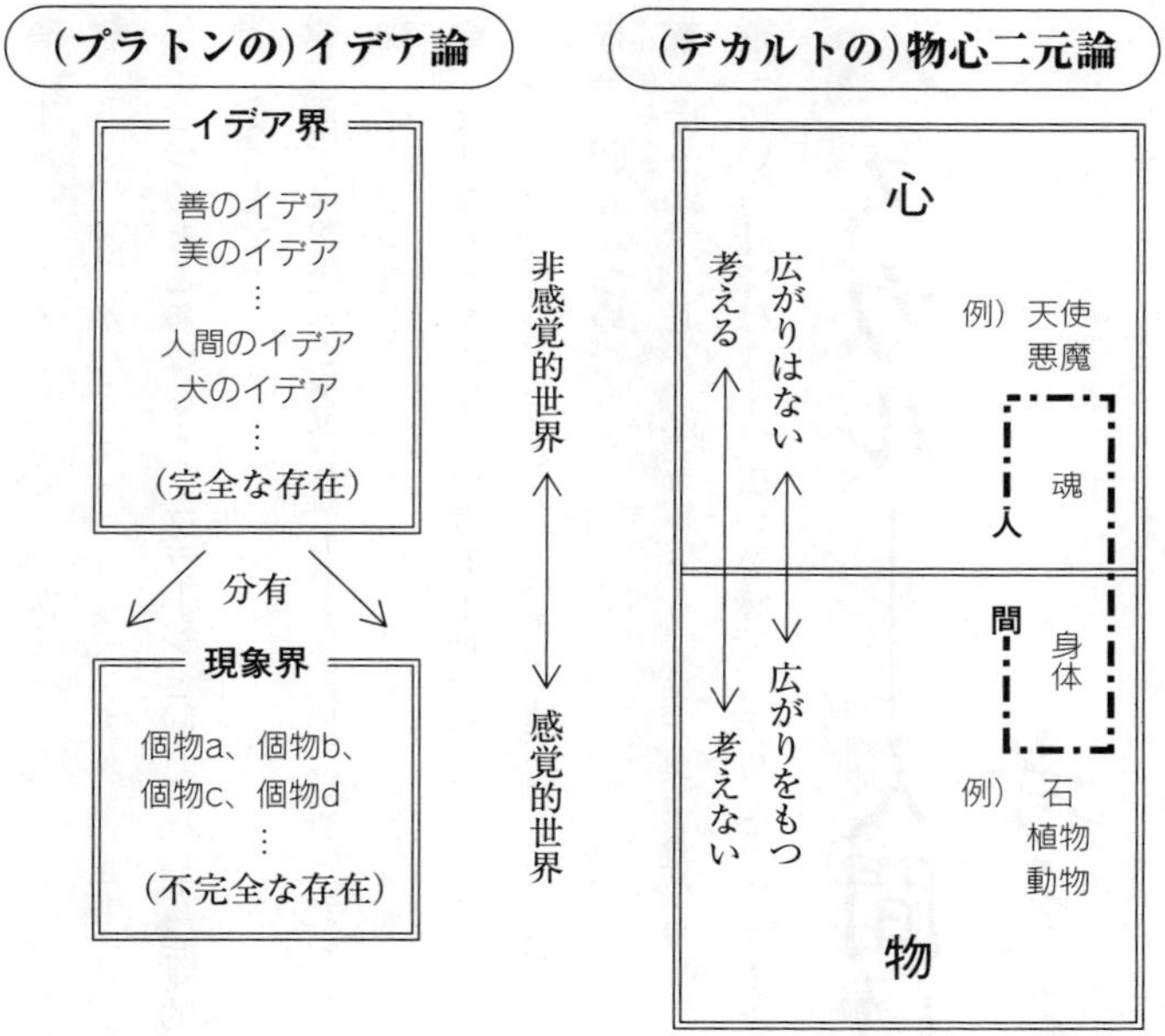

…右と左はほぼ重なるだろう。

愛　そう…ね。

爺　人間についても、プラトンでは人間の魂、の本来の住処はイデア界だったから、この図があてはまるな。

愛　ピタゴラスでも、そうだったね。

智　じゃ、なぜ、はじめはデカルトの図を90度ずらして横にしておいたの？

爺　プラトンのとき、イデア界を上、現象界を下に書いたのは、ランクの関係でな。イデア界のほうが価値が高いからだ。というのも、イデア界には本物があるが、現象界、つまり「この世」には、イデアの「写し」、「像」しか存在しないからな。

ところが、デカルトの「物」と「心」の関係は、それとはちとちがう。「考える」↔「考えない」、「広がりをもつ」↔「広がりはない」と対立しておるだろう。

愛　なるほど。対立しているから横に並べたのね。

智　じゃ、ランクというか、価値としては、（はじめの図で）右の「心」と左の「物」は同じだったの？

爺　さぁ、どうかな…。

…じつのところはな…、プラトンと同じで、非感覚的事物のほうがランクは上なのだ。

愛　どうして？

爺　「第一省察」で最初に疑われたのは「感覚」だったな。

愛　そうだった…。

爺　まず疑われたのは、感覚的事物だった、〈長さ・幅・深さ〉をもつ物だ。

しかし、「心＝考えるもの」は最後まで疑われてはおらん。それどころか、「われ思う」はデカルト哲学の根本、肝心かなめだ。

愛　そうか。…じゃ、デカルトもプラトン主義なの？

爺　広い意味ではな…。広い意味で、デカルト哲学もプラトン主義の圏内にあるな。

パスカル――人間は考える葦である

爺　さて、この図をふまえて、次の文章を読んでくれ。フランスの**パスカル**（１６２３〜６２）の有名な文章だ。太字のところに注意して、な。

人間は**ひとくき**の**葦**《あし》にすぎない。自然のなかでもっとも弱いものである。だが、それは**考える**葦である。彼を押しつぶすために、**宇宙**全体が武装するには及ばない。蒸気や一滴の水でも彼を殺すのに十分である。だが、たとい**宇宙**が彼を押しつぶしても、**人間**は彼を殺すものより尊いだろう。なぜなら、彼は自分が死ぬことと、宇宙の自分に対する優勢とを**知っている**からである。**宇宙は何も知らない**。

だから、われわれの尊厳のすべては、考えることのなかにある。われわれはそこから立ち上がらなければならないのであって、われわれが満たすことのできない**空間**や**時間**からではない。だから、よく**考える**ことを努めよう。ここに道徳の原理がある。

(『パンセ』B347，前田陽一訳。太字・ふりがなは著者荻原による。以下同)

パスカル

智　ちゃんと読んだよ。でも、「葦《あし》」って何？

爺　葦も知らんのか？　いまの子は外であまり遊ばんからな。葦とは、河原とか、水辺によく生えているヒョロッとした草だ。ありふれた草だ。「ヨシ」ともいうな。

愛　葦はわかったけど、じゃ、「考える葦」っていうのは？

爺　「**人間は考える葦である**」はたいへん有名な言葉でな。人間は、〈考える〉という点では偉大だが、〈長さ・幅・深さ〉という点ではじつにちっぽけな存在だということだ。

パスカルは、この文章で、**人間と宇宙**（ユニヴァース）とを対比しているな。〈長さ・幅・深さ〉という点では、宇宙はもっとも大きい。宇宙は空間を満たしている。そして時間も満たしている。宇宙は永久に存在するからな。だが、宇宙は何も「考え」ない。

人間は、宇宙に比較すると、〈長さ・幅・深さ〉という点では葦も同然だ。「弱い」ものだ。しかも80年ほどしか生きられない。「惨め」なものだ。風に吹き飛ばされそうな葦も同る。〈考える〉というところに尊厳があるとな。

智　「尊厳」？

爺　尊厳とは、気高く、尊い、という意味だ。

愛　「人間は考える葦である」っていう言い回しは、有名だから前から知ってたけど、そういう意味だったの。

爺　パスカルの『パンセ』には、ほかにも読んでもらいたい文章があるぞ。

人間の偉大さは、**人間**が自分の惨《みじ》めなことを**知っている**点で偉大である。**樹木**は自分の惨めなことを**知らない**（『パンセ』B397）。

こわれた**家**は惨めではない。惨めなのは**人間**だけである（『パンセ』B399）。

爺　これも同じだな。パスカルは、人間と樹木（や家）を対比しているな。人間は「考え」るが、樹木（や家）は「考え」ない。だから、人間は、自分の惨めさを知っているが、樹木は知ることがない。樹木には〈長さ・幅・深さ〉しかないからな。

智　樹木は「考え」ないの？

爺　パスカルもデカルトもフランス人だからな。（クスノキを拝むサツキやメイのように）巨樹を尊ぶワシら日本人とはちがうのだ。

　で、パスカルは、人間を、動物（けだもの）や天使とも対比しておる。

　　人間がけだものと等しいと信じてもいけないし、**天使**と等しいと信じてもいけないし、どちらをも知らないでいてもいけない（『パンセ』B418）。

　人間は魂をもっている。だから、その点では、天使の側にある。けれども、身体もある。だから、その点では、動物（けだもの）の側にあるということだ。

智　じゃデカルトと同じだ。犬にはやっぱり魂がないのか。ヒドイ！　ぼくはパスカルも許せない！

爺　次の言葉も読んでおくれ。

　　正しく**疑う**こととは、**人間**にとって、**馬**にとって**走る**ことと同じである（『パンセ』B260）。

な、パスカルも、「物心二元論」のあの図で物を考えとるというのが、わかるな。

智　で、馬は、「疑う」ことはない。「考え」ないからな。馬は「走る」だけだ。「走る」ということは、空間的に移動すること、いい換えると〈長さ・幅・深さ〉が変わることだ。

爺　ということは、動物は、石と同じで、やっぱり左側なんだ。

智　仕方ないが、そういうことになるな。

爺　…で、人間の「身体」も左側にある。

われわれのうちで快楽を**感じる**ものは何だろう。それは**手**だろうか。**腕**だろうか。**肉**だろうか。**血**だろうか。それは何か**非物質的なもの**でなければならないということがわかるだろう。

（『パンセ』B339の2）

手、腕、肉、血が「感じる」ことはない。身体は感じない。感じるのは「魂」だけ、つまり「非物質的なもの」、非感覚的なものだ。

智　じゃ、結局、デカルトとパスカルは同じということか。同じフランス人だし。

爺　いや、パスカルは「デカルトを許せない」といっておった。

智　でも、同じみたいだよ。

爺　ここまでは、な。ここまでは同じかもしれん。しかし、まったく同じではない。パスカルは、敬虔《けいけん》なクリスチャンとして、デカルトに怒っとった。

愛　何について怒っているの？

爺　まぁ、とりあえず、次の文章を読んでくれ。

私はデカルトを許せない。彼はその全哲学のなかで、できることなら神なしで済ませたいものだと、きっと思っただろう。しかし、彼は、世界を動きださせるために、神に一つ爪弾《つまはじ》きをさせないわけにはいかなかった。それからさきは、神にはもう用がないのだ。

（『パンセ』B77）

智　いったい、何いってんだか、わからないんだけど…。「爪弾《つまはじ》き」って、何なの？

爺　そうさな、いまの文章については、ひとつひとつ順番に説明しなければならんな。いずれにせよ、物心二元論の問題ではない。別の事柄だ、パスカルが気にしているのは。

さっき、**機械論的自然観**、機械論的世界観の話をしたな？

智　…？

爺　また、忘れたのか…。困ったもんだ。人の話はしっかりと聞くものだぞ。（↓123頁）

智　はい。

爺　デカルトは、世界をひとつの「からくり機械」と見てとっておった。その「からくり」自体には意志も感情もない。たんなる自動機械にすぎん。星々が天をめぐるのも、空から雨がしとしと降るのも、波が岸にザバーンと打ち寄せるのも、木が芽を出して花を咲かせるのも、すべて「からくり」の動きだな。時計が自動的に動いているのと同じ。で、この世界という「からくり」を数学的に設計したのが神だ。神ヤハウェが世界の設計者だ。

愛 デミウルゴスみたい。(↓54頁、70頁)

爺 まぁな。

でだ、ちとドミノ倒しを考えてごらん。

智 ドミノ倒し?

爺 ドミノ倒しというのは不思議なものよのぉ。一番最初のドミノを「爪弾き」しただけなのに、その後、ずっとずっと、自然に倒れてゆくな。何もしなくても。

智 うん。最初にちゃんと置いておけばね。

爺 しかも、まるで生きているように見えるな。設計者が、趣向を凝《こ》らすと、ドミノが坂を昇ったり、ジャンプしたりもするな。

智 うん。

爺 ところが、ドミノには意志も感情もない。ドミノは、「坂を昇ったり、ジャンプしたり」するのではない。坂を昇らされたり、ジャンプさせられたりしているだけのこと。

愛 たしかに。

爺 動かされているだけだな? どこにドミノを置くかをあらかじめ考え、そして実際に数多くのドミノを置いて、最初の1個を「爪弾き」した「人」に。

愛 そうか、おじいちゃんのいいたいことがわかってきた。その「機械論的世界観」では、世界全体がたくさんのドミノみたいなものだっていうんでしょ？

爺　そのとおり。

だから、世界の設計をし、実際に世界を製作し、最初の「爪弾き」をしたのは、神、唯一神ヤハウェなのだ。

智　…ところで、ドミノ倒しがうまくいかないことがあるな？　途中で止まってしまって…。

爺　それはね、最初の置き方がまずかったんだよ。

智　世界の場合はどうだろう。世界という「からくり機械」が故障してしまったら…。

爺　世界の設計か、製作が、まずかったんでしょ。

愛　だが、神は完全・完璧な存在だ。ミスはしないだろう。

爺　ということは？

愛　世界という「機械」は故障しない。万事順調に動いてゆく。

爺　とすると？

智　とすると、神の出番は、最初だけということになるな。

爺　出番が最初だけ？　どうして？

後から世界にチョッカイ出さなければならないとしたら、神の設計というか製作にミスがあったことになるからな。はじめに完璧な設計、完璧な製作をしたら、つまり完璧なお膳立てをしてしまえば、後は何にもすることはない。「用がない」のだ。神には。

…さて、デカルトの機械論的世界観について、パスカルは、「それからさきは、神にはもう用がないのだ」

と非難しておったな。これは、1個目のドミノを倒した後はもう神様には出番がないじゃないか、とケチをつけておるのだ。

愛 でも、後から神の出番があるということは…。

爺 神の世界設計、世界製作にミスがあったことになってしまう。

智 なるほど、むずかしい問題だ。それでパスカルはデカルトと対立していたんだ。

爺 …ようするに、パスカルにいわせると、デカルトの「神」には「愛と慰め」が欠けておるのだ。

愛 「愛」?

爺 そう、「愛」だ。そこが、パスカルがデカルトを許せなかったところなんだな。デカルトの「神」は、たんなる設計者、世界の建築師にすぎん。ドミノをx軸-y軸の座標の上にきちんと並べただけの神じゃないか。人に愛を注いでくれる神ではないじゃないか、「惨め」な人間を慰めてくれる神ではないじゃないか。それから、いざというときには、奇跡を起こして人を救ってくれる神ではないじゃないか、とな。パスカルは、後半生を信仰に捧げた男だったからな…。

愛 まぁ、そういわれればそうかもしれないけど。わたしはクリスチャンじゃないから、どっちでもいいような気がするんだけどなぁ…。だいたい、デカルトもパスカルも、そんなにちがわないんじゃないの? 2人とも、ようするに「物心二元論」でしょ? 動物も機械、そして植物も機械なんでしょ?

爺 「自然」をどう見るかという点では、たしかに、2人はほとんど同じだな。

〔…〕

じつは、いまの話はものすごく大切なのだ。

智　「大切」？

爺　デカルトは科学者、数学者だった。そして、パスカルも、**科学者**として活躍していた。

智　科学者でもあったの？

爺　そう、「パスカル」は、圧力の単位になっておる。天気予報で、「台風15号の中心気圧は980ヘクト**パスカル**です」などといっておるのを聞いたことがあるだろう。

愛　うん。

爺　パスカルは真空について有名な実験をしておったからな。

それから、数学も研究しておった。「確率論」の研究もあるし、なんと計算機も発明していた！

智　計算機！　すごいね、パスカル。

爺　といっても、いまのような電気式ではないのだがな…。歯車がグルグル回る機械仕掛けの計算機だ。だが、当時としては画期的な機械でな、大先輩のデカルトも24歳のパスカルにそれを見せてもらいにいって、たいそう感心したという話が伝えられておる。

〔…〕

爺 さてだ。これでおまえたちは、近代科学というものが、なぜヨーロッパで成立したかがわかっただろう。「科学革命」というのが、なぜほかの地域ではなく、たとえば日本ではなく、ヨーロッパで、ガリレオ、デカルト、パスカル（そしてニュートン）あたりで起こったのかがわかっただろう。

愛 うん。哲学って、科学とも関係があったんだね。

爺 そうなのだ。哲学と科学とはまったく無関係なものではない。自然をたんなる機械とみなすような自然観があったからこそ、ヨーロッパで科学が進歩、発展していったのだ。

カント——「法則」へのこだわり

爺 さて、いよいよ**カント**（1724～1804）だな。ドイツの偉大な哲学者イマヌエル・カントだ。これは、たいへんムツカシイ…。

愛 そんなに難しいの?

爺 ただでさえ難しい。おまえたちにわかりやすく教えるのは、なおさらムツカシイ…。

たとえば『純粋理性批判』という有名な本がある。カントが１７８１年にこの本を出したとき、しばらくはドイツ国内でも何も反応がなかった。

智　反応が何も…。どうして？

爺　難しかったのだな。理解できなかったのだ。当時のドイツの、一流の哲学者たちにも理解できなかったほどな。

…しかし、やらなければならん。カントをおさえとかなきゃ、「哲学史」を勉強したことにならんからな。

智　うん。難しいことはもうわかったから、とにかく始めてよ。ぼくも頑張るから。

爺　ではな、思い切って、…おおざっぱに説明することにしよう。そうでないと、おまえたちにはとても無理だからな。

カント

ポイントはこれ！　**法則を打ち立てるのは人間である**、…これだな。

智　「法則を打ち立てるのは人間」？

愛　「法則」って、どういう法則のこと？

爺　それでは、逆にきくことにしよう。おまえたちは、どんな「法則」を知っているか？

智　えーとね。…「万有引力の法則」？

愛　ニュートンが、リンゴが木から落ちるのを見て、気づいたっていう…。

爺　じゃ、ほかには？

愛　ほかに…。「メンデルの法則」なんて、たしか、あった。

爺　遺伝の話だな。エンドウマメの実験で知られておるな。それも、たしかに法則にちがいない。ほかには？

愛　ちょっと思いつかないな。ほかにも、いろいろあったような気がするけど…。

爺　万有引力の法則もメンデルの法則も、**自然法則**だ。たしかに、自然法則は「法則」だ。だが、カントは、**道徳法則**なんというのも、とりあげておる。

愛　「道徳」にも法則があるの？　何か変…。そんなのきいたことない。

爺　道徳法則については、後で話をすることにしよう。とりあえず、大切なことは、自然法則も、道徳法則も、両方とも人間が打ち立てるということだ。カントの哲学では、これが肝心かなめのことなんだな。いまはこれをしっかりと頭のなかにたたき込んでおくれ。

愛　自然法則も、道徳法則も、どっちも人間が打ち立てる、…の。

爺　そう、人間は「立法者」なのだ。

愛　「立法者」…、法を立てる者、という意味ね。

爺　…おっと、忘れておった。カント哲学にはもうひとつポイントがあった。

智　もうひとつ？

爺　もうひとつのポイントはこれ！　**法則には従わなければならない**、これだ。

愛　法則には逆らえないでしょ。リンゴは、地面に落ちるしかないんだから。

爺　そのとおり。地球が万物を引っ張っておるからな。万有引力の法則には従うほかない。メンデルの法則にも従わなければならんな。だから、トンビがタカを産むことはない。カエルの子はカエル。メンデルの法則に反することはできん。服従しなければならん。

愛　じゃ、「道徳法則」っていうのにも「従わなければならない」の?

爺　そう。従わなければならない、とカントはいっておる。だから、ワシらは、立法者でもあり、そしてまた「臣民《しんみん》」でもある。

智　「臣民」?

爺　「臣民」とは、法に服従する者、という意味だな。だから、ワシらは、みずから道徳法則を打ち立て、みずからその法則に従うのだ。これを「自律」という。

愛　「自律」ね…。

爺　そう、自律だ。みずから立てた法則でみずからを律するということだ。

愛　しかし?

しかし、だ…。

爺　しかし、現実には、道徳法則には従っていない者が多いな。…欲望や衝動に負けたり、打算に走ったりしてな。じつに、人間とは、誘惑に弱いものよ。

① 人は何を知ることができるのか?——『純粋理性批判』の世界

《ヒュームとカント》

爺 前にヒュームの話をしたな? 覚えておるか?
愛 因果律が、どうとか、こうとか、そういう話だったけど…。
爺 そう。それで、いま、このヒュームの立場を出発点として考えよう。
智 どうしてヒュームが出てくるの?
爺 カントは、ヒュームのいっていたことをずいぶんと気にしていたからな。
智 「ヒュームのいっていたこと」?
爺 「因果律」に対する批判だ。覚えておるか。ヒュームの因果律批判を?
智 ?
爺 また忘れてしまったのか? では、復習せにゃならんな…。こういうことだったろう。…Aという現象とBという現象がある。(とりあえず、これまでは)この2つの現象は、かならずAが生じてからBが生じるということになっておった。で、ふつう、これを、Aが「原因」でBが「結果」である、というな。
たとえば、「火」という現象と「煙」という現象がある。かならず、「火」が生じてから「煙」が生じる。だから、ふつう、火を「原因」、そして煙をその「結果」、と考える。いい換えると、火が煙を生みだすと考えるわけだ。

智　うん。

爺　ところが、ヒュームは、「A→B」が、自然の側に本来備わっているものだとは考えなかった。そうではなくて、ワシら人間の側、つまりワシらの習慣に由来するものだと考えたんだな。まずワシらがAという現象を目撃し、間髪《かんぱつ》おかずにBという現象を目撃する、そして、こういう経験が、その後も、何度も繰り返される、ということだ。ワシらは、この「A→B」を何回も何回も目撃することによって、「A→B」は自然にもともと備わった法則であると「信じこんでしまう」（「火が煙を生みだす」と思いこんでしまう）。だが、実際のところ、それはたんにワシらの信念にすぎん。これがヒュームの言い分だ。

愛　「A→B」はたんなる「信念」…。

爺　たんなる「信念」というのだ。これで、よいか？

愛　よくはないでしょ。ただの「信念」じゃない。自然法則っていうものは、いつでもどこでも、成り立つんでしょ。
　たんなる「信念」だったら、あしたは、もうどうなるかわからないことになっちゃうじゃない。

爺　そういうことだ。あしたからは、木の枝から離れたリンゴが地面に落ちないで空中に浮かんでいる、なんてことになるかもしれん。

智　そんなバカな！

爺　あしたからは、太陽が西から昇るかもしれん。

愛　ありえない！

爺　だがな…、ヒュームの言い分を認めると、そうなってしまうな。

智　じゃ、どうしたら**自然法則の普遍性を保証する**ことができるかな？

爺　自然法則が、いつでも、どこでも成り立つということだ。

智　「自然法則の普遍性」？

爺　いつでも、どこでもか…。

智　そう、いつでも、どこでも、だれにとってもな。

爺　法則は、いつでも、どこでも成り立つから、「法則」っていうんだよね。でも、どうして、法則は、いつでも、どこでも、成り立つんだろう？　よく考えたら不思議だよね。

智　たしかに。不思議といえば不思議なことだのぉ。このちっぽけな地球という星で発見された法則が、広大な宇宙のいたるところで成り立ってしまうのだから。

爺　うーん。難しい！　どうしたらいいのかな。いったいぜんたい、なぜ、自然法則は、いつでも、どこでも成り立つんだろう？

愛　いつでも、どこでも、ってことは、たったひとつの例外も許されないんでしょ？

爺　そうだ。たったひとつでもな。…たった一度でも、リンゴが飛んでいってしまったら、万有引力の法則は、もはや「法則」ではなくなる。結局、たんなる「信念」だったということになる。

愛　…神様に保証してもらうっていうのは、もうダメでしょ？

爺　神様に出張《でば》ってもらって自然法則の普遍性を保証してもらうのだな。

智　えっ、どういうこと、「神様に保証してもらう」って？

爺　さっき出てきたばかりだぞ。忘れてしまったのか？　デカルトがそうだったな。

デカルトにとっては、世界はひとつの「からくり機械」だな。その「からくり機械」は自然法則に従ってキッチリ動いておる。で、この「からくり機械」を製作したのは、もちろん神だ。全知全能の「神」だ。そして、自然法則を定めたのも「神」だということだった。だから、自然法則は、いつでも、どこでも成り立つとな。

愛　…な、すっきりした説明だろう。

うん。わかりやすいんだけど…。でも、神様がいてくれないと困る…、この説明は。

爺　そのとおり。

じつのところ、若い頃のカントも、こういうふうな説明の仕方を気に入っていたのだ。カントは、完全完璧な神のおかげで、この世界が、規則正しく、秩序だって動いている、と感嘆しておったほどだ。

愛　ふぅーん。カントもそうだったの…、若い頃は。

爺　だがな…。

智　「だがな」って、どうしたの?

爺　カントは、ヒュームにショックを受けたのさ。「ガーン!」とな。

智　ヒューム・ショック…か。

爺　じつはな…、ヒュームは、そもそも、自然法則にケチをつけようとしたのではない。カントも、そういっておる。

智　どういうこと?

爺　ヒュームだって因果律を疑っていたわけではない。でも、因果律に疑いのまなざしを向けた。

愛　??　おじいちゃん、何いってるのか、全然わからないんだけれど…。
爺　…ちと話を変えるぞ。ドミノ倒しを覚えておるか。
智　うん。
爺　ドミノは、どれもみな、前のドミノのせいで倒される。そして、自分が倒れたはずみで次のドミノを倒すな?
智　うん。
爺　ということは、どのドミノもみな、「原因」であり、また「結果」だということだ。
智　原因でもあり、結果でもある?
爺　ひとつのドミノが倒れるのは、前のドミノが倒れた「結果」であり、次のドミノが倒れる「原因」でもある、ということだ。
智　なるほど。
爺　さてと、この「原因」を、ずっと、さかのぼってみると、どうなるかな?
智　原因をさかのぼる?　ずっと?
爺　原因の原因、そして、そのまた原因、さらにその原因…ということだ。
愛　前のドミノ、そのまた前のドミノ…ってどんどんさかのぼってゆくこと?
爺　そう。
　で、一番最後というか、…さかのぼるのだから、一番最初のドミノまでたどり着くことになるな?
智　うん。最後にはね。

爺　一番最初のドミノはどうして倒れたのかな？　それより前のドミノといっても、もう存在しないな？

愛　一番最初のドミノを「爪弾き」したのは、たしか神様…だった。

爺　よく覚えておったな。そう、神様だ。じつは、ヒュームがケチをつけたかったのはここなんだな。原因の原因というふうにさかのぼっていって、ついには神様をもちだしてくる論法に、（無神論者の）ヒュームは我慢できなかったというな。ヒュームという人は、そのために、原因と結果のつながりに疑いを向けたのだ。

愛　そういうことだったの。ヒュームが因果律を疑ったわけがやっとわかった。

智　因果律を本気で疑っていたんじゃなかったんだ（…そりゃ、そうだよね）。神様が登場してくるのが厭《いや》だったので、原因と結果のつながりを切ってしまったんだ。

爺　わかってくれたか。…よかった、よかった。

《コペルニクス的転回》

爺　とにかく、もう神様をもちだすことはできん。ヒュームが、原因と結果の連鎖を断ち切ってしまったからな。ヒュームにいわせれば、前のドミノが倒れたら次のドミノがかならず倒れるなんて、ワシらの「信念」にすぎん。だから、一番最初のドミノを倒した（とかいう）神様までさかのぼることなんぞ、なおさら、できん。

愛　なるほど…。

爺　さて、もとの問題に戻るぞ。

…神様をもちださないで、どうやったら、自然法則の普遍性を説明できるのか。いい換えると、どうしたら、自然法則がいつでもどこでも成り立つことを説明できるのか、だ。

智　神様をもちださないで…、か。
うーん、やっぱりムツカシイ！

爺　たしかに難しい。そして不思議なことだ。イギリスという島国に17世紀にいたニュートンという男の頭のなかで打ち立てられた法則が、いつでも、どこでも、成り立ってしまうのだからな。

愛　ひとりの人間の頭のなかで打ち立てられた法則が…。いつでも、どこでも…。不思議、本当に不思議…。

智　わかんないや。…教えて、おじいちゃん。結局、カントはどうやって説明したの？

爺　そうあせるな。偉大なカントでさえ、この答えを出そうとして悪戦苦闘した。なんと10年もかかってしまったというな。

智　10年も？

爺　そう、「沈黙の10年」といわれておる。カントは、たったひとりで、この問題と10年も格闘しておった。仕事の成果がいっこうに公にされないので、周りの連中が、いったいカントはどうなっちゃったんだ、とあやしんでいたほどだ。

愛　たいへんだったんだ…。

爺　しかし、ついに、解決策を編み出した！　多くの哲学者を驚嘆《きょうたん》させた解決策をな！

愛　いったいぜんたい、どういう解決策なの？

爺　「**コペルニクス的転回**」。これこそ、カントが、苦心に苦心を重ねた末に編み出した解決策なのだ。

智　「コペルニクス的転回」？

愛　コペルニクスって、「地動説」を唱えた人でしょ？

爺　そのとおり。コペルニクス（1473〜1543）はポーランド出身の天文学者だ。で、コペルニクスは、太陽や惑星や星々が地球の周りを回っているのではなく、地球のほうが自転したり太陽の周りを公転したりしているのではないか、と主張していたな。

智　うん。回っているのは、世界ではなくて、人間たち、だよね。

つまりは、世界が回っているのではなく、自分のほうが回っているということだ。

爺　これにちなんだものだ。カントのコペルニクス的転回というのは…。カントのコペルニクス的転回というのは、こういうこと。**時間・空間は、世界の性質ではなく、主観の側の性質である、だ！**

智　時間も空間も、世界の性質ではなくて、人間の側の性質？

愛　いったいぜんたい、わかんないんだけど…。時間も空間も人間の「性質」？

爺　そう、わからんかもしれん。いきなり理解してくれ、といっても、やっぱり無理だろうな。常識に反するから、すごくわかりにくいところがあるのだ。

いいか、よく考えるのだ。常識ではこうだ。時間と空間は世界の枠組みだ、そのなかに物もあれば、ワシら人間もいる。この時間・空間という世界に備わった枠組みのなかで、ワシらはさまざまな現象に出会って、それを見たり聞いたりさわったりしている…。これでいいか。

愛　そう。常識では、だいたいそう考えるけど。

爺　だが、カントにいわせると、こういう考え方はまちがいとなる。時間と空間は、主観の性質なのだ。人間に備わった、世界への窓口なのだ。心のなかにある、この時間と空間という枠組みを通して、人間はさまざまな現象に出会うのだ。

智　ふーん。おじいちゃんのいいたいことはわかったけど、でも、実感がね…。いまひとつ…。

愛　そう、そう。時間・空間が人間の側の性質だといわれても…。やっぱり、世界というか、物というか、そちら側の枠組みのような気がするんだけど…。

爺　たしかに、おまえたちの言い分もわかる。だが、カントにいわせると、それが常識の誤りなんだな。常識にすがりついてはいかん、とカントもいうとる。

智　「常識の誤り」…か。

爺　常識はこういうだろう。「えっ、大地のほうが回っているんだって？　そんなバカな！　みればわかるじゃないか、太陽のほうが回っているんだよ！」となる。それを聞いた愚か者たちは拍手喝采だ。だが、これは「浅薄なおしゃべり」にすぎん。カントにいわせれば、な。

　で、カントの場合も同じ。常識では、時間・空間は世界の性質に思われるかもしれん。だが、実際は、ワシらに備わっている枠組みなのだ。

智　ふーん。

爺　…もう少し詳しく話そうか。こういうことだ。

　…ワシらにとっての「空間」は3次元だな？

愛　そう。3次元。

爺　なぜ、「3」次元なのかな。2次元でも4次元でもなく。
愛　世界というか、宇宙の構造が、そもそも3次元だから…かな？
爺　いや、そうではない。世界そのものが何次元なのかは、だれにもわからん。世界の本体がどういうものかはさっぱりわからん。
智　ワシらがそれを「3」次元に構成しておるのだ。いわば、3本の触手というか、3本の触角というか、そんなものがワシら人間にはあって、空間を「3」次元空間として見てとっておる。
愛　ふぅーん…。「3」次元空間として…ね。
爺　ちょっとだけ、わかってきたような気がする…。
智　さて、今度は時間だ…。「時間」は1次元だな？
爺　「1次元」？
智　ま、たとえてみれば、時間とは、過去から現在、現在から未来とつながった一本の「線」のようなものだ（線は1次元、面は2次元、空間は3次元だ）な？
爺　そういうことか、1次元って…。
智　で、現在が真ん中、過去が左、未来が右、とイメージすることもできる。
爺　年表だね。
智　しかし、空間と時間はちがうな？
智　どこが？
智　時間は「流れる」な。だが、空間は…。

愛　「流れ」ないね。

爺　これが、ワシらの時間・空間の構造なのだ。すべての人間に共通する時間・空間の仕組みなのだ。

智　すべての人類に共通…？

爺　空間を4次元にみてとれる人間がいるか？

愛　いない。

爺　時間をさかのぼれる人間がいるか？

愛　いないでしょ、これも。

爺　というわけだな。この空間・時間はどの人間にも当てはまる。

愛　この「時間・空間」というのは、人間に特有のものなの？

爺　そう、まったく人間だけのものだ。この「時間・空間」に拘束されているのは人間だけ。かりに、神というものがいるとすれば（あくまで、いるとすればの話だが）、過去も現在も未来も、全部いっぺんにつかまえることができるかもしれん。

愛　ふーん。「神」だとね…。

爺　ある異星人にとっては時間・空間が10次元に感じられるかもしれん。また別の異星人にとっては26次元かもしれん…。

《感性と悟性》

爺　さて、カントによれば、こうだ。ワシらが「物」をみたり、さわったりして「認識」するときには、ワシらは、その「物」をまず「**感性**」で受けとめて、そして次に「**悟性**」でつかまえる。こういうふうにして、ワシらは「物」を認識する、理解する。「物」についての知識を増やしてゆく。

愛　「感性」は、よく使うけど、「悟性」って、ふだん使わない言葉でしょ？

智　感性と悟性か…？。

爺　感性と悟性というよりも、感性から悟性へ、だな。

それから、ここは、ちょっとばかり、注意が必要だ。「感性」というのもな、ふだん使うのとは少し意味がちがう…。

智　ちがうの？。

爺　感性といっても、ここでは単純に「感覚」の話だ。まったく単純にな。「赤い」とか「青い」とか、「熱い」とか「冷たい」とか、「にがい味」とか、「よい香り」とか、「高い音」とか、そういう話だ。

愛　じゃ、いまは、「音楽について感性がすぐれている」っていう話じゃないの？

爺　そのとおり。いまは、さしあたって、感性が鋭いとか鈍いとか、センスがいいとか悪いとか、ややこしい話ではない。万人共通の話、たんなる「感覚」のことだ。

で、この「感性」を通じて、何ものかを感覚するとき、時間・空間という窓口を通過しなければならん。

愛　「窓口」？

爺　そう、「窓口」だ。感覚されたものは、かならずこの時間・空間という「窓口」を通らなければならん。感覚というものは、かならず、「いつ」、「どこ」が特定されるだろう？

愛　「いつ」、「どこ」？

爺　「赤い色を見た」のは、かならず、ある時間、ある場所の話だ。「冷たい物にさわった」のも、かならず、ある時間、ある場所の話だ。だから、感覚の素材は、すべて時間・空間という「窓口」を通らなければならん。

愛　なるほど。

爺　ところが、時間・空間は、人間の側、主観の側の窓口だ。そこで、この窓口は、「色眼鏡」といい換えてもよい。人間が、みんな、かけている「色眼鏡」だな（さっきは「触手」というたとえを使ったが、今度は色眼鏡というたとえにしてみたぞ。わかりやすく、いい換えただけだ）。

智　「色眼鏡」？　なんか、イメージが悪そうだね。

爺　悪そうか？　じゃ、サングラスとよぶことにするか。どっちにしても、同じことだが…。とにかく、このサングラスが全人類の鼻の上にのっかっておるのだ。で、このサングラスをかけている以上は、ワシら人間は、この世界を3次元空間としてしか見ることはできん。

このサングラスをかけている以上、時間は、過去から未来へと一方的に進む…。

そして、肝心なのは、ワシらは、「物」のありのままを見てとることはできないということだな。「物」が知覚されるとき、人間特有の時間・空間の窓口を通り抜けたものしか、ワシらは受け取ることができないからな。

智　「窓口」を通り抜けたものしか受け取れない？

愛　じゃ、この時間・空間の窓口を通れないものもあるの？

爺　あるかもしれんな。

智　その「窓口」を通ることができないものって、絶対に通れないの？

爺　通れんな。この時間・空間の色眼鏡というかサングラスを、人間は、オギャアと産まれてから死ぬまで、はずすことができないからな。

智　人間は、みんな、そのサングラスをかけているの？　一生？

爺　そう。みんな、同じ、色眼鏡というかサングラスをかけ続けておる。

愛　「同じ」？「色眼鏡」って、いろいろな「色」があるんじゃないの？

爺　いや、赤色や青色の眼鏡があるのではない。全人類共通の色眼鏡だ。さっきもいったな？　だれにとっても空間は3次元だ。時間もそう。だれにとっても、時間は1次元だ。
過去にはけっして戻れないが、前におった場所には戻れるだろう。時間については移動できん。だが、空間的には移動できる。みんなそう。人類共通だ。

愛　ふぅーん。そういうこと。
で、結局、わたしたち、物のありのままの姿を見ていないの？

爺　見ておらん、カントにいわせるとな。

智　どうやったら、物の本当の姿をつかまえることができるの？

爺　つかまえることはできん。それは無理。無いものねだり。人間には不可能だ。人間には世界の本当の姿はわからんのだ（神様には本当の世界がわかるかもしれん…。神様は、こんな時間・空間に拘束されておらんからな）。

愛　おじいちゃんはそういうけど、実感がわかないな。本当にわたしたち、物そのものの姿を見てないの？

爺　見てはおらんのだ。物の正体は見ることはできん。ワシらが見ているのは「あらわれ」だけ。カントがそういうとる。

ワシらの能力には限界がある。その限界は、どうしても超えられん。

愛　「あらわれ」だけ？　正体はダメなの？　納得できない。

爺　ワシらは「物そのもの」を見ている、とついつい思いこんでおる。ところがな、実際はちがう。時間・空間の「色眼鏡」をかけとるからな。

ワシらは「物そのもの」をさわっている、とついつい思いこんでおる。だがな、実際はそうではない。時間・空間の「手袋」をはめとるからな。

智　ぼくらは、「あらわれ」しか、みてないのか…。

爺　そのとおり。「物そのもの」「物」の正体は、「あらわれ」ないからな。

…それでは、つぎは「悟性」だ。**感性**で取り込まれたものが**悟性**に引き継がれる。

智　「悟性」？

爺　たしかに「悟性」とは聞き慣れない言葉だな。「知性」といい換えてもいいかな？

まぁ、「知性」と置き換えても、かまわんだろう。これは、考えるはたらきのことだ。判断するはたらきのことだ。整理するはたらきのことだ。

だが、「感性」は何も考えん。「感性」は何も判断せん。ただ世界の事物を感覚して取り込むだけ。事物の印象を受けとめるだけ。感性は、目、耳、舌、鼻といった感覚器官を通して、何ものかを感覚するだけ。この段階では、多様な印象はバラバラだ。整理されておらん。しかしだ。「悟性」は、考える。判断する。整理する。

智　感性と悟性はちがうのか…。

爺　…ひとつ例を出すぞ。いま太陽がさんさんと輝いているとしよう。そして、ひなたにある石があたたまっている。(太陽が)輝いていること、(石が)あたたかいということ、感性がつかまえられるのはここまでだ。

智　ここまで?

爺　そう、ここまでなのだ。感性は、これ以上のことはできん。まだこの2つは結びつけられない。まだバラバラだな。

愛　「(太陽の)輝き」と「(石の)あたたかさ」は、まだ結びつけられないの…。感性の段階では。

爺　そうだ。で、悟性が、「太陽が石をあたためている」と判断するのだな。悟性が、「太陽が輝いている」という知覚と「ひなたの石があたたかい」という知覚とを結びつける。原因と結果とを、原因と結果として、結びつける。

智　悟性が、原因と結果を結びつける?　原因として、結果として?

爺　「太陽の輝き」という原因と、「石のあたたかさ」という結果、この2つを結びつけるのは、悟性のはたらきだ。

こういうふうに2つの知覚を原因と結果として結びつけ、整理するはたらきが悟性にはもともと備わっておる。

智　ふぅーん…。

爺　だから、…よいか？　因果律のような「法則」は、この悟性のレベルで成立するのだ。

智　悟性のレベル？

爺　悟性がはたらかなければ、２つの知覚は結びつかない。バラバラだからな。「法則」は、悟性をもつ人間とかかわって、はじめて「法則」になる。悟性が、自然に対する立法者なのだ。悟性が、自然法則の源なのだ。

愛　おじいちゃんが最初にいっていた「法則を打ち立てるのは人間である」って、そういう意味だったんだ。

智　なんか、まだよくわかんないんだけど…。法則って、やっぱり、自然にもともと備わっていて、それを科学者たちが「発見」してゆくんじゃないの？

爺　いや、そうじゃない。「自然にもともと」なぞといっても、そもそもワシらには、「物そのもの」、自然そのものは、つかまえられん。つかまえられるのは「あらわれ」だけだ。色眼鏡をかけとるからな。

智　「あらわれ」？　「あらわれ」って、「まぼろし」みたいだね。

爺　「まぼろし」じゃない。「まぼろし」では、実体がないことになってしまうからな。「あらわれ」は、ちゃんと、「物そのもの」に由来するものだ。「あらわれ」は「物そのもの」とつながっておる。「あらわれ」の背後には「物そのもの」がひかえておる。

智　ふぅーん。じゃ、「物そのもの」って、黒幕みたいだね。姿がみえないから…。

愛　「黒幕」は「あらわれ」ない…。

爺　じつは、これが、カントが出した答えなのだ。

智　「答え」？　何の「答え」？

爺　なぜ自然法則はいつでもどこでも成り立つのか、の答えだ。

智　えっ、これが、その答えなの？

爺　そう。感性や悟性は万人に共通であって、いつの時代のどこの人でも、同じように、世界とふれあって、いろいろな印象を取り込み、それらを整理するからな。

愛　うーん。そういうことだったんだ。ニュートンもわたしたちも、感性や悟性のはたらきが同じだから、法則を同じように打ち立てるんだ。だから、17世紀のイギリス人にとっても、現代の日本人にとっても、同じ法則が成り立つんだ。

爺　そういうことだ。

愛　じゃ、自然法則は、いつでも、どこでも成り立つというのは、言い方を変えて、いつの時代のどこの国の人でも、自然法則を同じように打ち立てる、といったほうがいいのかな。時間・空間は、世界の側ではなくて、わたしたち人間の「窓口」なんだから。わたしたち人間の側の都合なんだから。

…でも、人間が法則を打ち立てるっていう話、前にヒュームのところで出てきた、因果律は人間が打ち立てるっていうのに似てる。

爺　そのとおり。ここはヒュームに学んだところだな。ヒュームの影響だ。

しかしな、カントは、ヒュームとは決定的にちがう。

智　ヒュームとはちがう？

爺　ヒュームは因果律を疑った。原因と結果のつながりを断ち切った。だから自然法則もズタズタ。明日からは、太陽も、のぼらんかもしれん…。ところが、カントは因果律を認める。自然法則の普遍性を認める。

智　カントは因果律を認める？

爺　といってもな、カントの場合、因果律は、悟性のレベルで成立するのだがな。あくまで、悟性のレベルだ。人間の精神のなかでの話だ。ようするに、因果律は頭のなかで成立するということだ。

智　でも、因果律を認めるってことはドミノ倒しを認めることだよね。じゃ、さかのぼって、さかのぼって、神様を認めることになるんじゃない？

爺　そうなるかな？

智　神様が最初に爪弾きをした、ということになるんじゃないの？

爺　いや、ならん。

智　えっ、どうして？

爺　ここがコペルニクス的転回のすごいところなのだ。いいか、よくきくのだ。カントの場合、因果律が成立するのは、あくまで「あらわれ」の世界のなかでのことだ。いい換えると「現象界」の話だ。いいか、よく注意するのだ。カントが認める「因果律」とは、「物そのもの」のレベルの話ではない。ワシらの感性と悟性がはたらいた結果で成立する「現象界」での話なのだ。

智　うーん…。そこが、わかったような、わからないような…。

爺　さっきは色眼鏡のたとえを使ったりもしたが…、また触角のたとえに戻してみようか。空間に関しては、ワシらには3本の触角、触手があって、3次元の枠組みのなかでモノをみてとっておる、感じとっておる（幸か不幸か、ワシらには触手は3本しかない！）。そして時間に関しては、1本の触角、触手がある。

合わせて4本の触手、触角でさまざまな出来事を受けとめたときに、はじめて「経験」というものが成立する。そのようにして、はじめて因果律とか、自然法則とかいうものが浮かび上がってくる、立ち上がってくる。ワシらの空間・時間、いい換えると、3次元の広がりをもつ空間、そして過去から未来へと進む時間のなかで出来事を受けとめたときに、はじめて「法則」が浮かび上がるのだ。

智　そうか、少しわかってきた…。そんな気がする。

爺　ワシらが「経験」できないものについては（いい換えると、4本の触手で感じとれないものには）因果律を当てはめることはできん。で、神様の爪弾きなんていうものは、もちろん、ワシらは「経験」できん。もしかしたら神は爪弾きをしたのかもしれん。あるいは、しなかったのかもしれん。しかし、それは「物そのもの」のレベルの話だから、ワシらの手の届かないところにある。どっちが正しいかはわからん。ワシらに「あらわれ」てこないものについては判定不能ということだ。

智　そうか…。

爺　もう一度いっておくぞ。因果律が成立する世界というのは、頭のなかで構成された「合成物」なのだ。「生《なま》の材料」にワシらが手を加えてこしらえた「合成物」なんだぞ。

愛　ようやく、わかったような気がしてきた。

…でも、カントはやっぱり難しいな。

智　ほんとに難しい…。

爺　たしかに難しい。おまえたちにとって難しいだけではない。ワシにとっても、な。

〔…〕

爺　さて、とにかく、カントは、こうやって、自然法則の普遍性を保証した。ニュートンの法則がいつでもどこでもだれにとっても成り立つことを保証した（そして、「あらわれ」ない神様については「棚上げ」した…）。ワシらが見たりさわったりして認識した世界（「あらわれ」の世界）は因果律に従っておる。因果律を破ることはできない。自然法則に従っておる。現象界では自然法則は破られない、ということだ。

愛　うん。

② 人は何をしなければならないのか？——『実践理性批判』の世界

爺　ワシらが見たりさわったりしているこの世界では、「因果律」が成り立っているということだな？

智　うん。

爺　すべてが「原因」と「結果」のつながりということだな？

智　そうだよ。

爺　火のないところに煙が発生する、ということはないな？

智　もちろん。ありえないよ。

爺　ビリヤードの球が、何もしないのに、突然、動き出すなんてことは？

智　そんなこと、ないよ。…もし、動き出したら、気味が悪いよ。

爺　ワシら人間の場合もそうだな。

智　ぼくたち、人間の場合？

爺　ドイツ語をぜんぜん勉強しないのに、突然、ドイツ語がしゃべれるようになることは？

智　そんなこと、絶対ないよ。

爺　何も食べていないのに、急に満腹になることは？

智　それも、ありえないね。

爺　じゃ、ワシら人間も「因果律」にしばられているということだな。

智　そうだね。

爺　「因果律」にしばられているということは、ワシらは「機械」と同じということだな。

智　えっ!? 人間が機械だって！

愛　ちょっと、待って！　いきなり…。

智　そうだよ。おじいちゃん、言ってることがおかしいよ。人間は機械じゃない！

爺　おかしいかな？「因果律」にしばられているということは、「機械」ということ、時計のような「からくり」ということじゃないのか？

智　うーん…。

爺　カントによればな、人間も、「あらわれ」るものとしては、機械なのだ。

智　それ、どういう意味？

爺　ひとりの人間は、他人から見れば、「あらわれ」でしかない。だから、因果律というか、自然法則が適用されるな。

愛　他の人から見たら「あらわれ」？　他の人から見たら「機械」なの？

爺　わからないのか？　じゃ、例をあげるとするか。

Aさんが通りを歩いていたとしよう。通り沿いのお店からたいやきの香ばしいにおいがただよってきた。Aさんは、いいにおいに引き寄せられて、たいやきを買って、そして食べてしまった。これが原因と結果のつながりだ。たいやきのにおいが「原因」で、たいやきを買って食べるという行動がその「結果」だ。

愛　なるほど。

爺　「機械」的だろう。

愛　「機械」的…。このケースはそうかもしれない。食欲の話だから。

爺　また別の例を出すぞ。

B氏が通りを歩いていたとしよう。前のほうから美しい女性がやってきて、横を通り過ぎた。B氏は思わず後ろを振り向いた。

…な、機械的だろう。

智　うーん。たしかに。「機械」的といえば、機械的かもしれない。

爺　ちと話を変えるぞ。

智　…ユクスキュル（１８６４～１９４４）というドイツの生物学者は、こんな例を出しとる。ダニだ。

爺　ダニ？

智　やぶのなかにひそんでいて、ほ乳類の血を吸うダニだ。数ミリほどのちっちゃな虫だ。

爺　うん。で、ダニがどうしたの？

智　このダニは、やぶのなかの低い木によじ登って、枝の先に行って、待っておる。

爺　何を待っているの？

智　ほ乳類が、枝の下を通りかかるのを、ひたすら待っておるのだ。

爺　待ち伏せしているのね。

愛　しかしな、ダニは、目もみえない。耳も聞こえない。

爺　それじゃ、ほ乳類が来たのが、どうしてわかるの？

智　においだ。嗅覚だ。動物の皮膚腺から発せられる酪酸《らくさん》というものをかぎ分けるのだ。

爺　酪酸ね。ふぅーん。

智　酪酸のにおいを感じるやいなや、ダニは下へ落ちて、その動物にしがみつく。そして血を吸う。といっても味もわからん。味覚もないからな。

爺　ダニって、味覚もないの？

智　あるのは嗅覚と触覚だけ。ワシら人間には五感がある。しかしダニには２つしかない。

爺　へぇー！　２つだけなんだ。

智　さて、こうしてダニは動物の血を吸う。たっぷり吸ったら地面に落ちる。そして卵を産む。それで終わり。

智　終わり？

爺　卵を産んだら死んでしまう。それだけ。まるで「機械」みたいじゃないか？

愛　機械ね。うーん…。

爺　しかも、ダニは酪酸のにおいを感じるまで、ひたすら待つ。枝の先で、ひたすらな。いつ動物が下を通りかかるか、わからんからな。

智　ひたすら待つ？

爺　なんと、18年間も待つことができるらしい。

智　18年!?　すごい。

爺　まるで自動販売機みたいじゃないか。コインが入れられるまでじっとしていて動かない自動販売機みたいじゃないか？

愛　そうね。なんか似てる。

爺　酪酸というスイッチが押されるまで、ダニは止まったままだ。まるで機械じゃないか？

智　うん。

爺　で、カントにいわせれば、「あらわれ」としては、ダニも動物も機械だ。そして人間もまた機械だというな。外から何らかの刺激が加わる、すると決まった反応をする、ということだ。香ばしいにおいを嗅げば、それにひきつけられる。美女が通り過ぎれば、思わず振り向いてしまう。これは、いってみれば、ダニが酪酸にひかれるのと同じ。

愛　でも、人間は、たいやきを我慢することだってある。ダイエット中だったりして。

智　そうだよ。お金がないときにも我慢するし…。だから、ダニみたいに単純じゃないよ。

爺　さあ、どうかな。たぶんカントなら、それでも機械だ、というだろうな。

智　えっ、どうして？

爺　たしかに人間はダニとはちがう。だれもがみなたいやきに飛びつくわけではない。しかし、ダニは、かならず動物に飛びつく。自然「法則」のようにな。しかし、この場合、人間は、思いとどまることもあるわけだが、結局、自分の幸福のために我慢しているのだろう？

智　「自分の幸福のため」？

爺　おいしいたいやきを味わうという幸福と、ダイエットに成功するという幸福、この2つの幸福を天秤《てんびん》にかけて、後のほうを選んだのだな？

愛　2つの種類の「幸福」を天秤にかける…か。ま、そうかな。

智　ダイエットに成功することのほうが、その人にとってはずっと幸福か…。

爺　つまり「計算」しているわけだ。どちらが、結局、自分にとって、よりいっそう幸福か、をな。

愛　「計算」、…そうかもしれない。

爺　だがな、「計算」ならコンピュータでもできるぞ。

愛　たしかに。計算だったら、コンピュータのほうが人間より得意かもしれない…。

爺　で、コンピュータは機械だな？
愛　機械…、たしかに機械。
爺　じゃ、結局のところ、同じだ。機械だろう。ちと回り道しているだけだ。
智　「回り道」？
爺　計算という回り道だ。計算には、ちと時間がかかるからな。
ダニは計算をせん。天秤にはかけん。いきなり飛びつく。しかし、それもダニなりの幸福の追求の仕方なんだろうな。あくまで、ダニにとっての「幸福」だがな。
で、結局のところ、人間も機械ということだ。自分の幸福を追い求めているかぎりはな。
智　うーん…。
愛　たしかに、おじいちゃんの説明を聞いてると、人間も機械のような気がしてくるんだけど…。でも…。
爺　「でも」とはどういうことだ？　人間だけが因果律を破ることができるというのか？
愛　それは、破れないけど。…でも、なんか、ちがうような気がする…。
爺　じゃ、もう一度整理するぞ。ダニは、自分の幸福追求のために、酪酸のにおいだけにたよる。機械的にな。ところが、人間は、そのときそのときの状況で、「打算」というか、いろいろと「計算」して、行動を選択して、自分の幸福追求をはかっておる。だから、ワシらは、将来の大きな利益のことを考えて、目先の利益を捨てることもあるわけだ。
どこが、ちがう？　計算するところか？　だが、計算なら機械でもできる。ということは、結局、機械的なものということだ。

愛　たしかに、そう説明されると、納得しちゃうんだけど…。

爺　ま、とりあえず、ここのところは、これで納得してくれ。話を次に進めたいからな。

智　あれ、「次」って、これで話は終わりじゃないの？

爺　終わりじゃない。まだ話は半分。これで話が終わったら、自然法則の話だけで終わってしまうぞ。石ころも動物も人間も、みな自然法則に逆らえない機械のようなものになってしまうではないか。

愛　でも、カントがそういっているんじゃないの？　人間は機械だって？

爺　「あらわれ」るものとしては機械同然かもしれん。機械同様、因果律に従っているのかもしれん。…いい換えると、人間がどういう行動をとるかは、生まれつきの性格や、その人が育った環境によって決まってしまう、ということだな。

愛　人の行為は、性格や環境で決まってしまう、…ね。…うーん。

爺　ところがだ。いいか？　ここが大切なのだ…。ワシらは「**責任**」というのを問題にするだろう？

愛　責任がどうしたの？

爺　人は、犯罪を犯せば、その責任を問われるな？

智　そうだよ。罰せられるんだよ。懲役だとか、罰金だとかね。

爺　たとえば、人殺しをしたり、強盗したりすれば、責任を問われるのだな？

愛　もちろん。

爺　人を殺さなくても済んだのに…、強盗しなくても済んだのに…、ということだな？

智　そうだよ。だから「責任」を問われるんだよ。

爺　ということは、殺すか殺さないか、強盗するか強盗しないか、そのどちらかを選ぶときに、殺すほうを選んでしまった、強盗をするほうを選んでしまったということだな？

智　そうだよ。だから、いけないんだよ。

爺　ということは、どちらかを選ぶ「自由」があったということだな？

智　そうだよ。

爺　ということは、人間は機械とはちがうということだな？

智　機械とはちがう？

愛　さっきは機械と同じだっていってたのに、今度はちがうの？

爺　機械には「自由」はないだろう？　選択の自由はないだろう？　刺激に対していつも決まった反応しかできんからな。

智　うん。

爺　機械に「責任」を問えるか？　機械に手をはさまれて怪我をしたときに、それを機械の責任にできるか？

智　たしかに、できないね。

爺　そうなのだ。責任を問えるのは人間だけなのだ。どうだ。人間と機械はちがうではないか？　同じだとしたら、「責任」というものは考えられんだろう？

愛　そうね。

爺　だからな。人間については「自由」というものを考えることができるのだ。

智　「自由」？

爺　で、人間に「自由」があるとすれば、ここでは因果律はあてはまらないな？
智　因果律があてはまらない？
爺　前のドミノが倒れても次のドミノが倒れないこともある。逆に、前のドミノが倒れなくても、次のドミノがみずから倒れることがあるということだ。
愛　なるほど。
智　えっ？　…よくわからないな…。
爺　智には、わからんかな？　じゃ、こういうケースを考えてみよう。Aという男が人殺しをしたとする。逮捕されて裁判になって、そのとき弁護士が、そのAの生まれながらの性格、荒れた家庭、悪い仲間たち、そういう外的な環境のためにAが罪を犯してしまった、とせつせつと訴えて、情状酌量《じょうじょうしゃくりょう》を願い出る、とする。
智　うん。
爺　だが、性格やら、外的な環境やら、「原因」がいろいろあったにせよ、やはり人殺しという「結果」については「責任」を問われるな？
智　そうだね。責任は、問われるね。
愛　当然でしょ。
爺　そういう外的な環境、「原因」が、前のドミノだ。人殺しをするというドミノに倒れかかってきたドミノだ。
智　「人殺しをする」というドミノの前に、「原因」となるドミノがいろいろ並んでいるのか…。

愛　で、そういういろいろなドミノが倒れてきても、「人殺しをする」というドミノが倒れるとはかぎらない。

智　かぎらないね。ふつうはそうだね。どうしてだろう。

愛　打算かな?

智　「打算」?

愛　本当は殺してやりたいと思っていても、実際に殺してしまって、逮捕されて罰を受けることになったら、すべてを失うことになるから?

爺　たしかに、それでは「打算」だ。「計算」だ。打算で人を殺さない、というのも多いかもしれんな。人殺しがみつかれば、懲役はまぬがれんからな。

　では、絶対に、みつからない、逮捕されない、罰を受けないという保証があったらどうかな?

智　「絶対に、みつからない、逮捕されない、罰を受けない」?　そんなことあるかな?

爺　では、こういう例はどうだ。人里離れた山道を歩いていて、一万円札が落ちているのを見つけたとしよう。まわりにはだれもいない。人家もまったくない。ようするに、だれも見ていない。さあ、どうする?交番に届けるか、だまってポケットに入れてしまうか?

智　うーん。それは、…難しい!　たぶん、ポケットに入れちゃう人、多いだろうな。

愛　でも、わたしは交番に届けると思う。気分が悪いし。

爺　そうだろう、そうだろう。それでいいのだ。

　では、もうひとつ例をあげよう。これは、ちょっと極端な話だ。遠い未来の話だな。いま(たとえば核戦争で）人類は滅亡の危機にあるとしよう。地下シェルターのなかに、おまえたちだけが、人類最後の2人として生き残っているのだ。ところがだ、シェルターのなかには、生き延びるための食糧が1人分しかない。
さあ、どうする？　相手を殺して生き延びるか？　それとも、餓死を選ぶか？

智　うーん…、難しすぎる！　でも、殺せないよね。

愛　うん、人殺しは絶対いけない。

智　でも、餓死もいやだぁ！

爺　殺しても、逮捕されないぞ、罰せられないぞ。もう、他に人間はいないんだから。「打算」をはたらかせれば、殺すほうを選ぶだろう？

愛　それはそうだけど…。それでもやっぱり、人殺しは、ね…。殺したら、絶対、いやな気分になったりするし。

爺　だが、どうして気分が悪くなるんだろう？

智　どうしてかな？　たしかに、そういうことあるよね。悪いことをすると、後で、いつまでも、ひっかかったりするんだよね。

愛　やっぱり、「**良心**」ていうものがあるから…？

爺　そう、そうなのだ！　人間には良心がある。だからこそ、そのように良心の呵責《かしゃく》を感じるのだ。そして、人間には、だれでも、悪いことをしてはいけない、よいことをしようという意志があるからなのだ。これをカントは「**善意志**」とよんでおる。

智　「ゼンイシ」？

爺　そう、「善意志」。善く生きようとする意志だ。

愛　善く生きようとする意志…。

爺　そう、人間だれでも「善意志」をもっておる。頭の良し悪しなど関係ない。教養のあるなしなど関係ない。自分の幸福を求めて、「打算」だけ、「計算」だけで生きている人間は、機械も同然だな。私利私欲だけで生きている人間は、ダニも同然だ。どれほど頭がよくてもな。

しかし、人間には「善意志」というものがある。そこに人間の尊厳があるのだ。

智　「人間の尊厳」？

愛　たしか、前に出てきた。「尊厳」って…。

爺　そう、パスカルのところで出てきたな。（↓140頁）

話を戻すぞ…。「人殺しをする」というドミノが倒れなかったのは、「打算」というのもあるかもしれん。しかし、良心の声、これもドミノが倒れるのを防いでいたのだよ。

愛　なるほど。

智　おじいちゃんのいいたいこと、なんとなくわかってきたよ。ようするに、打算だけじゃないんだよね、人間ってのは。

爺　そうなのだ。

すると、ここではドミノ倒しが成り立たなくなってしまうな？

智　「ドミノ倒しが成り立たなくなってしまう」？

爺　「原因」があるのに「結果」がともなわないな？

愛　そうだね。

爺　これが、人間の「物そのもの」としての側面なのだ。人間はたんなる機械ではない。

智　また出てきたね、「物そのもの」というのが…。ぼく、どうも、その「物そのもの」と「あらわれ」というものとの区別が、よくわからないんだけど…。

爺　じゃ、復習しておくか。

ワシらが見たりさわったりできるのが、「あらわれ」の世界だ。「現象界」だ。時間・空間のなかでワシらが経験できる世界だ。ここでは自然法則がバッチリとはたらいておる。「因果律」が破られることは、けっしてない。

ところが、「物そのもの」というのが、その背後に控えておる。これは、ワシらには認識できん。理解できん。で、この「物そのもの」の世界（「英知界」ともいう）には因果律をあてはめることができん。

智　なるほど…。

爺　で、人間にも「あらわれ」の側面と「物そのもの」の側面がある。「あらわれ」としては人間も自然法則に従っておる。因果律に従っておる。だが、「物そのもの」としては従っておらん。これは、心のなかの話だが…。

でな、「あらわれ」の世界を支配しているのが自然法則だ。これはいいな?

愛　うん。万有引力の法則とか、…ね。

爺　で、それでもって、人間の「物そのもの」の世界で重大な役割を果たしているのが**道徳法則**なのだ!

愛　ついに出てきた、「道徳法則」!

「道徳法則」っていうのが、ずっと気になっていたんだけど、それ、何なの？

爺　ま、大ざっぱにいうとな、自然法則を裏返したものだな。

智　「自然法則の裏返し」？

爺　大ざっぱにいうとな…。

さて、因果律というものがあるな。因果律、いい換えると、因果法則は、自然法則のなかでも根本的なものだ。このことはいいな？

智　いいよ。

爺　因果律というのは、「原因」と「結果」についての話だ。で、なんと、道徳法則では、このつながりを断ち切ってしまう。

智　じゃ、「原因」をシャットアウトするの？

爺　そう。道徳法則の話をするときには、外からの「原因」をまったくシャットアウトしなければならん。だから、おいしい食べ物であるとか、美女であるとか、そういう外界の「原因」に惑わされていては道徳法則の話はできん。

愛　それは、食べ物や美女は、道徳と関係ないでしょ。

爺　外界のものにいっさい惑わされてはならん。外界の「原因」は排除しなければならん。だから、道ばたで苦しんでいる人を見て、「ああ、かわいそうだ」と同情して助けてあげようとするのもダメなのだよ。

智　えっ、何それ!?

愛　ちょっと、おかしいんじゃない!?　カントって変じゃない？　それが「道徳」？

爺　すまん。ちょっと、言い方が悪かったかもしれんな。カントは、道ばたで苦しんでいる人を助けるな、といってるわけではない。そうではなくて、外からの刺激が原因となったままでは「道徳法則」は成り立たない、といっておるのだ。この場合は、「かわいそうだ」という感情が引き金になっておるな。これでは、まだダメなのだ。

愛　「まだ」って、どういうこと？

爺　たとえば、こういうことはないか？　駅前でよく募金を集めているだろう？（地震や洪水など）災害復興の助けだの、交通遺児のためだの…。

智　集めてるね。

爺　おまえたちにきくが、ある日はすすんで募金に協力しようという気持ちになるけれど、また別の日は、なんとなく、募金箱にお金を入れる気にはならない、というのはないか？

智　そういわれると、あるね。

爺　懐《ふところ》ぐあいとは関係なく、そういうことはあるな？

愛　たしかに。お金のあるなしに関係なく、そういうこと、ある。

爺　気分次第ということだな？

智　そうかもしれない。

爺　こういうふうに感情が引き金となっている場合は、行き当たりばったりというか、偶然に左右されるということだ。

智　なるほど。

愛　だから、「まだ」ダメということ。
智　じゃ、カントは、そのときの気分に左右されずに、いつでも募金しなくちゃいけないっていっているの？
爺　まぁ、答えをあせるな。そんな単純でもない。
愛　単純じゃないのか…。
爺　そのときの気分に左右されてはいけないというところは、いい。そのとおりだ。道徳法則だからな。「道徳法則」は「法則」だ。法則だから、いつでも、どこでも成り立つ。気分に左右されてはいかん。
愛　「道徳法則」も、いつでも、どこでも…か。
爺　いいか？　いつでも、どこでも、成り立たせるには、「ぼくは、かならず、こうすることにする」と決めておかなければならんな？
愛　そう。いつでも、どこでも「わたしは、かならず、こうすることにする」と決めておけば、たしかに気分や状況に左右されない。
爺　「ぼくは、かならず、こうすることにする」というのを「格率《かくりつ》」というな。
愛　「カクリツ」…。じゃ、「わたしは、かならず、募金に協力することにしている」というのも格率ね。
爺　そう、それも格率のひとつだ。
智　そういえば…、「人の物は俺の物、俺の物は俺の物」なんて、あった。
愛　それは、ジャイアンがよくいうセリフ。…ジャイアンの「格率」かな？
爺　いつでも、どこでも「自分のものは自分のものにする。他人のものも自分のものにする」というのは、それはそれで、ひとつの「格率」だ。ジャイアンがいつでもどこでもそうしようとしているのなら、それがジャイアンの格率だ。

智　ふぅーん。

愛　でも、道徳法則じゃない。どう考えても。

爺　もちろん。道徳法則などではない。

道徳法則は、いつでも、どこでも、**だれにとっても**、成り立たなければならん。「法則」はすべての人間に適用されるのだ。

智　「だれにとっても」…か。

爺　だから、ジャイアンの格率はダメなのだ。すべての人が、「俺の物は俺の物にする、おまえの物も俺の物にする」なんていいだしたら、とんでもないことになる。取り合いだ。奪い合いだ。世界中で、持ち物の奪い合いになってしまう。

智　そうだよね。だから、ジャイアンの格率は「フヘン的」じゃないんだ。

爺　そのとおり。

愛　じゃ、道徳法則っていうのは？

爺　いつでも、どこでも、だれにとっても通用する格率が道徳法則だ。そういう格率に従って行動しろ、ということだ。これがカントの道徳法則だ。

智　じゃ、たとえば、「殺さない」「盗まない」「だまさない」といったことかな？

愛　それなら、いつでも、どこでも、だれにとっても成り立ちそうな感じ。「わたしはいつでもどこでも殺さない」「わたしはいつでもどこでも盗まない」「わたしはいつでもどこでもだまさない」…。

爺　ジャイアンの「格率」とは全然ちがう（笑）。
爺　カントは、そんなことといっておらんぞ。
愛　えっ？　どういうこと？
爺　カントは、「殺すな」「盗むな」「だますな」などとはいっておらん。
智　じゃ、カントは、何ていっているの？
智　いつでも、どこでも、だれにとっても通用するような格率に従って行動しろ、といっておるのだ。
爺　それは、わかってる。…そうじゃなくて、もっと具体的に、何ていっているの？
智　具体的には何もいっておらん。
爺　じゃ、どうすればいい？
智　そのつど自分で考えるのだ。どういうことが、いつでも、どこでも、だれにとっても善であるのかを…。
爺　カントは教えてくれないの？　アドバイスしてくれないの？
智　人に教えてもらおうとしてはいかん。他人に頼ってはいかん。他人の頭を借りようとしてはいかん。自分の頭で考えなさい。
爺　「自分の頭」で考えろっていわれても…。
智　いったいぜんたい、どうして、ああしろ、こうしろと命令されるのを待っているんだ？　おまえはカントの家来か？　おまえはカントの奴隷か？
爺　そういうわけじゃないけど…。
智　さて、…カントの場合は、ここが、ものすごく大切なところなのだ。

愛　「ものすごく大切」？

爺　そう、大切だ。

智　もしカントが、こうしなさい、ああしなさい、これをしてはいけない、あれをしてはいけない、と具体的にいろいろ決めてくれて、そのとおりにおまえたちが行動したとしたら、どうなる？

爺　ぼくたちがカントのいうとおりに行動したとしたら、どうなるか、…か？

智　おまえたちは、カントがつくったマニュアル通りに動いているロボットにすぎん。つまり「機械」にすぎん。自分の頭で考えておらんからな。

愛　はぁ？

爺　なるほど。そういうこと…。

愛　すると、カントが発する命令が「原因」で、おまえたちの行動がその「結果」となってしまうな？

爺　そういうことになる。たしかに。

智　こういうのを「**他律**」という。

爺　「タリツ」？

智　他律とは、「他のものに律せられる」という意味だ。「自律」の反対だ。「他律」はいかん。それでは、奴隷も同然、機械も同然だ。「自由」がない。それでは、自分の行動に「責任」もとれん。万事、だれかの命令通りにやっておるのだからな。

智　「他律」って、そういうことか…。うーん。

愛　たしかに、それでは「責任」はとれない。責任がとれないということは「機械」と同じだって、さっき出てきた…。

爺　そうなのだ。たしかに、他人の頭を借りるというか、自分に代わって考えてもらうというのは楽かもしれん。しかし、それではだめなのだ。気楽かもしれん。しかし、それではだめなのだ。

それでな。…他律といっても、いわれた通りに行動することだけが「他律」ではない。

愛　これだけじゃないの？

爺　そうだ。「原因」と「結果」のつながりのなかに巻き込まれたら、すべて「他律」になってしまう。自分以外に「原因」があったら、それは「他律」だ。他人であろうと、物であろうと、金であろうと…。とにかく、外部に原因があったらな…。

愛　「物」「金」？

爺　そう。「原因」と「結果」のつながりのなかに巻き込まれたら、すべて「他律」なのだ。「物」がその人の行動の「原因」になってしまったら、これも「他律」。「金」がその人の行動の「原因」になってしまったら、これまた「他律」。ようするに、欲望に惑わされていたら「他律」なのだ。機械も同然、ダニも同然だ。

智　うーん…、なんか、ぼくのしていること、みんな「他律」みたいな気がしてきたな…。

爺　打算だけで生きている者、欲望に惑わされている者は、そうだ。たいやきや美女にかぎらず、みな「他律」だ。

自分の幸福だけを考えて生きている者はみなそうだ。そうだな、ときどき、1年に何回か、気分次第で、募金などしていても、そうだ。

愛　かなりきびしい、カントって…。
それじゃ、「自律」は？

爺　「自律」とは、「みずからを律する」ということだ。「原因」は自分の心のなかになければならん。最初のドミノの「爪弾き」を心のなかの善意志がするのだ。心のなかだけは因果律を免れることができるからな。たとえば、「けっしてウソをつかないようにしよう」と自分で決めるのだ。いつでもどこでも絶対にウソをつかないぞ、雨が降ろうと槍が降ろうとウソをつかないぞ、とな。

智　でも、「槍」をつきつけられて、「いつわりの証言をしろ」っていわれたら…。

愛　ウソをついちゃう…。死にたくないから。

爺　それでは「他律」になってしまう。他人にいわれるがままに行動するのだから。

智　きびしい！　カントって、きびしすぎない？

爺　たしかに厳格な面があるかもしれん。…シラーも、きびしすぎる、といっていたな。

愛　そうでしょう、そうでしょう…（そういえば、シラーって、前にどこかで出てきた…）。

〔…〕

爺　さてと、カントについてはまだいろいろあるんだが、ワシの話は、とりあえずこのあたりで終わりとしておこう。

智　カントって、だいたいはわかったんだけど、やっぱり、「あらわれ」と「物そのもの」の区別がひっかかるな…。

爺 そうかもしれんな。これは理解しにくいかもしれん。というよりも、納得できないかもしれん。実際、カント以後の哲学者たちのなかにも、この2つの世界の区別に納得できなかった人びとが多かったようだ。

〔…〕

愛 …おじいちゃん、話が戻るんだけど、カントも**プラトン主義**と関係があるの？

爺 それは、じつに、よい質問だ。たしかに関係あるぞ。広い意味では、カントも「プラトン主義」の枠のなかにあるな。デカルトもそうだったが。

智 そうだったの？

爺 「そうだったの？」ではないぞ。自分でいっていたではないか。「『あらわれ』と『物そのもの』の区別がひっかかる」、と。

愛 「『あらわれ』と『物そのもの』」、…そうか。

爺 そうなのだ。カントも、**二世界説**なのだ。「あらわれ」の世界と、「物そのもの」の世界と、だ。いい換えると、現象界と英知界だ。見たりさわったりできる世界、そして見ることもさわることもできない世界だ。「あらわれ」る世界と「あらわれ」ない世界、感覚的世界と非感覚的世界だ。

たしかに、これはプラトンのイデア論と似ている。この点では、カントは、現象界とイデア界を区別したプラトンに似ている。もちろん、単純に同じではないのだがな…。

第4章
現代の西欧の思想

おもな人物・キーワード

サルトル

「実存」『嘔吐』『存在と無』「即自存在・対自存在」「人間は自由の刑に処せられている」「無神論的な哲学」「アンガジュマン」「シチュアシオン」「プラトン主義批判」「実存が本質に先立つ」「ペルフェクティビリテ」

サルトル——人間は自由の刑に処せられている

爺　最後に、**ジャン＝ポール・サルトル**（1905〜80）の話をしよう。生誕100年を迎えた現代フランスの思想家だな。第二次大戦後、世界的に名声を博《はく》した思想家だ。

智　「世界的に名声を博した」？

爺　そう、世界的にだ。サルトルは、日本にも大きな影響を及ぼした。たとえば、大江健三郎《おおえけんざぶろう》という作家がいるな？

愛　うん。ノーベル賞をとった（1994）人でしょ。

爺　そうだ。この大江健三郎（1935〜）も影響を強く受けたらしい。ほかにも、映画監督の大島渚《おおしまなぎさ》（1932〜）とか、演劇の唐十郎《からじゅうろう》（1940〜）とか、影響は大きい…。

智　ふぅーん。じゃ、サルトルって、ずいぶんエライ人なんだね。

爺　そうさな。一時は、な。1966年に日本にやって来たときも大人気だった。

愛　「一時は」って、言い方、ちょっとひっかかるんだけど。

爺　そう。一時期は、すさまじい人気だったな…。

…ところで、オードリー・ヘップバーン（1929〜93）という女優は知っておるな？

愛　知ってる。『ローマの休日』（1953）に出ていた人でしょ。

爺　そのヘップバーンが出た映画に『パリの恋人』（1957）というのがある。

智　それは、見たことないような気がする…。

爺　『パリの恋人』というのはな、3人のアメリカ人が、あこがれのパリに出かけるというミュージカル映画だ。ヘップバーンは、ニューヨークの書店で働く若い娘の役で、フロストル教授という哲学者のありがたい話をきくためにパリに行ったのだ。

愛　「哲学者」にあこがれてパリに行ったの？　変なの…。若い女性なのに。

爺　そうなのだ。パリには「共感主義」を唱えるフロストル教授というのがおってな。彼女はその「共感主義」の信奉者《しんぽうしゃ》だった。

愛　「共感主義」？　きいたことないけど…。

爺　そう、もちろん、「共感主義」なんてものはない。あくまで架空の話。映画だからな。

…さてだ、このフロストル教授のモデルは、明らかに、「実存主義」を唱えていたサルトルなのだ。フロストルの「トル」は、たぶん、サルトルの「トル」だろう。

智　ふぅーん。

爺　ようするに、サルトルは、アメリカ映画の題材になるほど人気を集めていたのだ。当時は、アメリカの若い女性があこがれてもおかしくないほど、大人気だった。実際、ヘップバーンは、「私はジャン゠ポール・サルトルのような思想家の私室を見てみたい」と映画のなかでいっているというか、歌っておる。

智　ブームだったんだね。

爺　当時はな、パリでも、サルトルが講演するとなると、会場に入りきれないほど人が集まってしまってな、気絶する女性がたくさん出たという話だ。

智　気絶⁉　哲学者で？　ちょっと、想像できないけど…。

①「実存」とパスカル

爺　で、「実存主義」という哲学だ（…けっして「共感主義」ではないぞ）。

智　「実存」って、何なの？

爺　「実存」とは何か、…か。その質問に答える前に、パスカル（１６２３〜６２）の言葉を紹介しておこう。パスカルは、「実存主義」の先駆者《せんくしゃ》といわれておるからな。

智　パスカルって、たしか前に出てきたね。

愛　パスカルは、「実存主義」の先駆者？

爺　そう、３００年も前のことだがな。同じフランスのパスカルがいっていたことで、20世紀の実存主義に通じるものがあったな。

愛　ふぅーん。20世紀の思想に通じるものが…ね。

爺　では、次の言葉を読んでおくれ。パスカルだ。

　私は、だれがいったい私をこの世に置いたのか、この世が何であるか、私自身が何であるかを知らない。私は、すべてのことについて、恐ろしい無知のなかにいる。〔…〕私は、私を閉じ込めている宇宙の恐ろしい空間を見る。そして自分がこの広大な広がりのなかの一隅《いちぐう》につながれているのを見るが、なぜほかのところでなく、このところに置かれているか、また私が生きるべく与えられたこのわずかな時が、なぜ私よりも前にあった永遠と私よりも後にくる永遠のなかのほかの点でなく、この点に割り当てられたのであるかということを知らない（『パンセ』B194）。

爺 読んだか？

愛 読んだけど。でも、後ろのほうが、ちょっとわかりにくい…。

爺 そうさな、後ろのほうは、こういうことだ。なぜ、私は、いま、ここに、いなければならないのか、いま、ここで、生きなければならないのか、ということだな。

愛 いま、ここ、ね…。

爺 広い広い宇宙のなかの、なぜ、ここに、私がいなければならないのか、そして過去でもなく、未来でもなく、なぜ、いま、私がいなければならないのか、ということだ。

智 なんとなく、わかるんだけど、この疑問…、でも、いまひとつ…。

爺 では、例をあげるとするか…。おまえたちは、自分が「なぜ日本人に生まれてしまったんだろう？」と考えたことはないか？ ふと、自分を振り返って、「外国人に生まれたかったのに…」と考えたりすることはないか？

愛 そういえば、…ある。

爺　それから、おまえたちは、自分が「なぜ、こんな時代に生まれてきてしまったんだろう？」と考えたりすることはないか？「戦国の世に生まれたかったのに…」と考えたりすることはないか？

愛　たしかに、そういわれると…。

智　ぼくは、幕末に生まれて、日本の夜明けのために坂本龍馬と一緒に頑張りたかったよ。

爺　なるほどな。…で、おまえたちは、自分が、この時代の、この日本に、生きなければならないことが、厭《いや》になったりすることはないか。

智　うーん…。

爺　…そういえば、鬼束《おにつか》ちひろという人の歌に、『月光』（2000）というのがあったな。

智　『月光』って、おじいちゃん、よく知ってるね。昔の歌じゃないのに。

爺　年寄りだからといって、バカにするもんじゃない。その歌詞のなかに、「この腐敗した世界に堕《お》とされた／How do Ilive on such a field?（こんな場所でどうやって生きろと言うの？）／こんなもののために生まれたんじゃない／〔…〕どこにも居場所なんて無い」（東芝EMI）、なんてところがあったな。

智　よくおぼえてるね、おじいちゃん。

爺　パスカルも、いっとった。ワシらは、気がつけば、いまここに生きている。何をするためにいまここにやって来たのか、わからない。まるで、「眠っているあいだに荒れ果てた恐ろしい島に連れてこられ」（『パンセ』B693）たようなもので、「さめてみると、〔自分がどこにいるか〕わからず、そこから逃れ出る手段も知らないような、恐怖におそわれる」（『パンセ』B693）とな。

ワシらは、ものごころついたときには、すでに、ここに生きている。というか、生きさせられている。こんな世界に投げ込まれている。そこから出ることができず、そこで生きるしかない。

ワシらは、ものごころついたときには、すでに、この時代に生きている。この時代に投げ込まれている。こんな時代から出ることができず、こんな時代に生きるしかない。

こういった状況を「**実存**」と呼ぶのだ。

智　なんとなく、わかったけど…。「実存」って、重いね。

②『嘔吐』と「実存」

爺　『嘔吐《おうと》』という小説の話をしよう。

愛　「小説」？　「『嘔吐』」？

爺　『嘔吐』とは、１９３８年に公刊されたサルトルの小説だ。この小説がヒットしてな、それまでほとんど無名だったサルトルは、一躍、フランスの文筆界のスターとなってゆく。

愛　小説で？ サルトルって、哲学者でしょ？

爺　たしかに『嘔吐』は小説だ。だがな、『嘔吐』は、小説といっても哲学的な小説なのだ。このなかで「実存」が語られておる。

智　ふぅーん。哲学的小説か。…で、『嘔吐』って、どういう話なの？

爺　そうさな、主人公は、ロカンタンという名の30歳の男だ。ブーヴィルという（架空の）地方都市に3年前からやって来て、ひとり暮らしをしておる。ホテルというか下宿でな。孤独な青年だ。毎日、毎日、図書館に通って歴史の研究をしておる。働いてはおらん。

智　働いてないんだ。じゃ、収入がないでしょ？　30歳にもなって。

爺　ロカンタンは金利で生活している。働かなくても毎月１２００フランの金利収入がある。

智　だれかの遺産かな？　うらやましいね。

愛　歴史の研究をしているの？

爺　ロルボン侯爵という陰謀家《いんぼうか》のことを、研究しておる。

愛　ロルボン侯爵について研究して、どうするの？

爺　まとまったものにしようとしたのだな。著作というか、論文というか…。しかし…。

愛　「しかし」？

爺　しかし、結局のところ、著作はまとまらん。書かないことになる。

智　ふぅーん。

爺　で、このロカンタンが、いろいろな場面で「吐き気」をもよおすのだな。

愛　いろいろな場面って？

爺　最初はな、石だ。

智　石？

爺　海辺で子供たちが水切りをして遊んでおった。そこに出くわしたロカンタンも、同じように小石をつかんで海に向かって投げようとした。ところが、彼は、突然「吐き気」を感じた。そして、石を投げられなくなってしまった、となる。

智　変なの…。

爺　これだけではない。その後も、「吐き気」は、何度も、ロカンタンを襲ったな。朝、ホテルの前で紙切れを拾おうとしたとき。それから、カフェボーイの木綿の青いシャツを見たとき。まだあるぞ。夕暮れの公園でマロニエの木の根を見たとき…。

智　マロニエ？

爺　マロニエは、フランスではよく公園などに植えられている木だ。けっして特別な木ではない。

愛　どうして吐き気を感じたの？

智　からだの具合が悪かったの？

爺　そうじゃない。「実存」なのだよ。

智　実存？

爺　そう、「実存」に立ち向かったときにロカンタンは吐き気をもよおしたのだ。

愛　「実存」…。

爺　「実存」とは、意味もなく、理由もなく、偶然、存在することだ。石も紙切れもマロニエの木の根も、そうなのだ。

愛　マロニエの木は、だれかが公園のなかに植えたから、そこに存在するんでしょ？

智　マロニエを植えたのは、やっぱり植木屋さんかな？

爺　それはそうだが…。そこに存在する意味、理由といっても、いまはそういう話ではない。それでは、「なぜ私は、いまここに存在しなければならないのか」と問われて、それは、お父さんとお母さんがいて私を産んでくれたから、と答えるのと一緒だ。

愛　そういうことか…。

爺　私が、存在する意味も理由もわからず、いま、この世界に投げ出されている。私は、たまたま偶然、いま、ここに生きさせられている。同じように、石も紙切れもマロニエも、意味もなく、理由もなく、偶然、そこに存在しておるのだ。存在させられておるのだ。

智　なんとなく、わかってきたよ。「実存」って、そういうことなのか。
…でもね、石や紙切れが、なぜいまここに存在しなくてはならないのかって考えても、しょうがないような気がするんだけど…。

爺　たしかに、そんなことを考えても、何の得にもならないかもしれん…。
だが、ワシらは「得」をするために生きているのか？　「得」になれば、それでいいのか？　うまく世渡りをして、「得」をして、金持ちになれれば、それでいいのか？　ワシらの生きる意味、理由というのは、そこにあるのか？

智　うーん…。ぼくらの生きる意味、理由か…。

爺　たしかに、ほとんどの人間はこういう問題について考えてはおらん。考えようとはせん。おまえたちと同じだ。

智　考えろって、いわれても…。

爺　そして、考えているのは、どうしたら金儲けができるか、どうしたら女の子にもてるか、そんなことばかり。…さもなければ、ゲームやギャンブルにうつつを抜かして、日々の人生をごまかしておる。自分というものについて深く考えておらん。自分を見つめたり、自分が何ものであるかについて真剣に考えておらん。じつにけしからん。だから、パスカルも怒り、そして呆《あき》れておったぞ。

愛　あら、パスカルの時代にも「ゲーム」があったの？

爺　コンピュータじかけのゲームではない。ビリヤード、玉突きのことだ。で、ロカンタンというか、サルトルも、「実存」に立ち向かわない連中のことを「ろくでなし」と呼んでおった。

智　「ろくでなし」？

爺　惰性《だせい》で生きて、ガマンできなくなって結婚し、子供ができて、あくせく働いて、いつのまにか40歳を過ぎて、世間のことがわかったような顔をして、えらそうにしている連中のことだ。じつはぜんぜんわかっておらんのじゃけれど…。ロカンタンにいわせるとな。

智　ようするに「オジサン」たちのことか…。

爺　だが、ロカンタンはちがう。「実存」に真正面から立ち向かっておるからな。実存に立ち向かって吐き気をもよおしているからな。

智　なんで「吐き気」なの？

爺　嫌悪感だな。

智　嫌悪感？

爺　意味もなく、理由もなく、存在することへの嫌悪感だ。

智　?……嫌悪感?

爺　「なんで、いま、ここに、マロニエの木の根なんかがあるんだ?」ということだ。「存在しなくたってかまわないのに…」ということだ。

厭なんだな、それが、…ロカンタンにとってはな。

愛　なるほど、そういうこと。

爺　「マロニエの木の根なんて、存在しなくたっていいじゃないか」ということだ。だから、マロニエは「よけいなもの」なのだ。なくてもよいのだからな。存在しなければならない理由などないのだからな。理由もなく、偶然、そこに存在しているのだからな。

智　うん、そうか…。だんだんわかってきたよ。

爺　ちと話を変えるぞ。

道を歩いていたら、突然、汚物に出くわすとする…。

智　汚物?

爺　たぶん、犬だろうな。

愛　飼い主がちゃんと片づけないと。でも、最近、ほんとに多い。

爺　でだ、そういうときには、「なんでこんなところに汚物があるんだ!」と思うだろう?

愛　たしかに。

爺　そして身をひくだろう?

愛　それは、踏んでしまったら、たいへんだから。

智　踏んづけたら、「吐き気」をもよおすかも…。

爺　これと似ておるんだ。「実存」についてもな。だから、ロカンタンにとっては、マロニエの木も石も紙切れも、みんな「汚物」のようなものだ。吐き気をもよおすようなものなのだ。

いや、マロニエや木や石や紙だけではない。それどころではない。全部だ。

智　全部？

爺　そう、世界の全部だ。ロカンタンにとっては、ようするに、世界の全体が「汚物」のようなもの。吐き気をもよおすものなのだ。

智　ふーん。世界全体がね…。でも、ちょっと考えすぎじゃないかな。

爺　でもな…、こんな汚れた世界なんか存在する理由などない、こんな腐敗した世界なんかいらない、いっそまるごとなくなってしまったほうがいい、と思っている人もいるんじゃないかな。そう…、鬼束ちひろの歌を思い出してみなさい…。

愛　うん…。そう。たしかに歌詞は…。うん、そういわれると、いるかもしれない…。

爺　さてだ。じつは、石や紙切れやマロニエの木だけが「よけいなもの」なのではない。当の、ロカンタン自身も、「よけいなもの」なのだ。

智　ロカンタンも？

爺　ロカンタンはひとり暮らしだな。下宿住まいだ。ブーヴィルという町には3年前にやって来た。家族はもちろん、友だちもほとんどいない。仕事もしていない。いつまとまるかもわからない著作のために、毎日図書館に通っているだけ…。

な、「よけいなもの」だろう？

愛 うん、「よけいなもの」かもしれない…。

爺 ロカンタンには、すっぽりはまる場所というものがない。なぜ、いま、ブーヴィルなどにいなければならないのか、その理由がないというのだ。

で、ロカンタンは、以前、仕事でインドシナ（東南アジアだな）に行ったときにも「オレはなぜこんなところにいるんだ？」と感じたことがあったらしい。

なぜインドシナくんだりまで来ているのか、考えてもわからなかった。自分はここで何をしているのか。なぜこんな人たちと話をしているのか。なぜこんな奇妙な服装をしてるのか。私の情熱は消えていた。〔…〕いまやうつろな自分を感じていた（『嘔吐』11頁）。

③『存在と無』と「自由」

爺 さて、次は『**存在と無**』という本だ。1943年、つまり『嘔吐』の5年後に出された本だな。これは、小説ではない。れっきとした論文、哲学の本だ。

智 今度はどういう話なの？

爺　サルトルは、少し考え方を変える。

愛　「考え方を変える」？

爺　そう、方向転換だ。小説『嘔吐』では「物」と人間がはっきりとは区別されていなかっただろう。物も、人間も、「実存」だ。どちらも、理由もなく、偶然、そこに存在しているものだった。

愛　そう。物も人間も、だいたい同じ扱いだった。

爺　ところが、『存在と無』になると、「物」は「**即自存在**」、人間は「**対自存在**」とよばれて、この2つは、はっきりと区別されるようになる。

智　「即自存在」と「対自存在」？　どう区別されるの？

爺　人間は、自分自身をみつめることがあるだろう。だが、石や紙切れやマロニエの木が自分をみつめることはないな。

人間なら、「なぜ、おれはこんなところにいるんだろう」と考えるが、石が「なんでオレはこんなところに転《ころ》がっているんだろう」と考えることはないだろう。マロニエの木が「なんでオレはこんなところに立っているのだろう」と考えることもないだろう。

愛　それは、そう。

爺　人間には、みつめる自分とみつめられる自分があるな。みつめられる自分に「対して」みつめる自分がある。だから、人間は「対自存在」とよばれる。

物はそのまま。物は、そのままで、それ自身。だから、「即自存在」とよばれる。

愛　なるほど。

爺　石は、そのままでそれ自身だ。石は石であることに満足しておる。「充足」しておる。

智　石は石であることに「満足」？

爺　石が石であることに不満をもったりすることがあるか？

愛　ないでしょ。石には無理。

爺　だから、石は石であることに満足しておるのだ。

ところが、人間はちがう。人間は、自分に対して不満をもつことがあるだろう。自分自身をみつめて、「いまの自分じゃダメだ」と思うことがあるだろう。

智　そういえば、ぼくも、もっと偏差値を上げないと…

爺　そうだな。偏差値40の自分自身をみつめて、「いまの自分じゃダメだ」と思ったりする。そして「偏差値60の自分」を望んだりする。そして、実際、一生懸命勉強をして「偏差値60の自分」をつくりあげることもできる。

智　「できる」かなぁ…。

愛　うーん。簡単じゃないけど。

爺　だが、可能性はあるだろう。

愛　たしかに、…可能性は。

爺　そこが、石や草木とはちがうところなのだ。

…では、愛は、どうかな？

愛　わたし？

爺　そうだ。
愛　…。
爺　どうした？
愛　わたしは自分を変えたい。
爺　「自分を変えたい」？
愛　ときどき、自分で自分がいやになって…。自分のことが嫌いになっちゃう…。
爺　自分のどういうところが嫌いなんだ？
愛　…たとえば、うじうじして、はっきりものがいえないところとか…。
爺　「うじうじして」か…。なるほど。
智　そうかな？　けっこう、はっきりいうほうじゃないの？
愛　そんなことない、…全然、…。
爺　ま、それはともかく、ようするに、人間は、自分で自分をみつめて、自分のあり方を「選ぶ」ことができるのだ。
智　「選ぶ」？
爺　「偏差値40の自分」と「偏差値60の自分」のどちらかを選ぶことができる。「うじうじしている自分」と「ものがはっきりいえる自分」のどちらかを選ぶことができる、ということだな。
愛　「選ぶことができる」。…たしかに。
爺　いい換えると、選択の自由があるということだ。

愛　「自由」ね…。

爺　石には、こういう自由はないだろう？　マロニエにもないな。

愛　ないでしょ。自由は、人間にしかない。

爺　そしてまた、人間はな…、選ぶことができるだけでなく、選ばなければならん。

智　「選ばなければならん」？

爺　人間はかならずどれかを選ばなければならん。どれも選ばないということはできない。
これは、考えてみると、たいへんなこと、苦しいことかもしれんな。

智　悩むよね。選ぶときには、ね。

爺　そうなんだな。人間は悩む。選択肢がありすぎるからだ。たとえば、おまえたちも、将来、いったいどういう職業に就《つ》こうかと悩んだりするだろう。

愛　悩むね。

爺　お父さんやお母さんは、こういう職業に就きなさい、ああいう職業がいいぞ、といってくれたりするか？

愛　自分で決めなさいって…。

智　だから、かえってわからなくなるんだよね。とくにやりたい仕事もないし。自分がどういう仕事に向いているのかもわからないし。

爺　そうだろう。仕事を選ぶことができる。しかし、選ばなければならないのでもある。一生ブラブラしているわけにはいかんからな。

智　そういうこと考えると…、憂鬱…。

爺　こういう事柄について、サルトルは、おもしろい言い回しをしとる。「人間は自由の刑に処せられている」だ。

智　「自由の刑」？

爺　ふつう、「自由」という言葉は、よい意味で使われる。自由はうれしいことだ。だが、ここではちがう。反対だ。自由だからこそ、人間は悩み苦しまなければならん。

愛　そう。「自由の刑に処せられている」っていうのは、…変わった言い方だけど、いいたいことはわかる。

爺　でだ…、「選ぶ」ときには、その人にとって「価値」あるものや、「価値」あることを「選ぶ」だろうな？その人にとって「価値」ないものや、「価値」ないことを「選ぶ」ことはないだろうな？

智　そうだね。

爺　おまえたちにとっては、偏差値40の自分より偏差値60の自分のほうが「価値」があるということだな？うじうじした自分よりもはっきりものがいえる自分のほうが「価値」があるということだな？

愛　もちろん。

爺　智にとっては、偏差値60の自分は、「意味」ある存在だということだな？

智　そうだよ。

爺　愛にとっては、ものをはっきりいえる自分は、「意味」ある存在だということだな？

愛　もちろん。

爺　とすると、もう、意味もなく、この世界に投げ出された存在ではなくなるな?。存在する「意味」があるのだから。

智 「意味もなく、この世界に投げ出された存在ではなくなる」？

爺 「よけいなもの」ではなくなるな？　偏差値60になったおまえ、はっきりものがいえるようになったおまえは、「よけいなもの」か？

愛 「よけいなもの」じゃない。

爺 こういうふうに、人間は、自分のあり方を選ぶことによって、人生に「意味」を与える。はじめから人生に意味が与えられているのではない。親や他人が与えてくれるのでもない。ひとり一人が、生き方を選ぶことによって、「意味」がつくられるというのだ。

智 「生きる意味」は、…自分でつくるものなのか…。

④サルトルと無神論

爺 じつはな、サルトルのこういった考え方には、反キリスト教的な含みがあったのだ。

智 「反キリスト教的な含み」？　どういうところが？

爺 こういうことだ。…いまここにナイフがあるとしよう。このナイフは、意味もなく、偶然、この世界に送り込まれたものだろうか？

智 えっ、ナイフ？　どういうこと？

爺 そうではないな。ナイフは「切る」ために製作されたのだ。何かを「切る」ためにこの世に送り込まれてきたのだ。意味もなく、偶然、存在しているのではない。

愛　そう。
爺　製作者が、何かを「切る」ものとして、ナイフをこの世に送り込んできたのだろう？
愛　ちょっと言い回しが大げさ…。だけど、そういうことでしょ。
爺　さて、ここからがキリスト教の話だ。
『旧約聖書』のはじめの部分にはこんなことが書いてある。この世のすべての物は、神によって造られた。大地も星々も植物も動物も人間も、そうだ。だから「被造物」ともよばれる。神が製作者で、万物は被造物だ。
智　「ヒゾーブツ」？
爺　そうだ、被造物。造られた物、創造された物、という意味だ。
で、神は、全知全能だな。だから、物を、行き当たりばったりに造ったわけではない。だから、万物には、それぞれ、存在する「意味」がちゃんと与えられておる。
愛　なるほど、さっきのナイフの話に似ている。
爺　そのとおり。
この世のものは、人も、動物も、物も、何の意味もなく送り込まれてきたのではない。たとえば、「人間」というものはな、この世界の支配者として、神に似せて、造られたのだ。聖書にそう書いてあるぞ。それが、人間が存在する意味だ。それから、羊は、この人間に、肉や毛皮を提供するために存在しておる。そして草は、羊のような家畜に食べられるために存在しておる。そしてまた雨は、この草を生長させるために降ることになっておる。そういうふうに、万物のそれぞれに、存在する「意味」があるということだな。

智　そうなのかな？　…羊と草と雨が？　何か変…。

爺　だから、カントだって、羊の毛皮は、羊のためにあるのではなく、人間のために存在するのだ、といっておるぞ。

智　それは…、ちょっといいすぎじゃないかな、カントさん。

愛　そうでしょ。ウールとして利用させてもらっている、という感じかな…。毛を刈り取って寒くてごめんね、羊さん。

爺　で、話はサルトルだ。高校生だったとき、サルトルは、哲学の道に進むことに決めたという。そのころまでに、サルトルは、神はいない、と確信していた。で、サルトルは、過去には本当の意味で無神論的な哲学がない、と感じていて、それで、無神論的な哲学をつくるために全力をかけることに決めたというのだ。

智　「無神論的な哲学」か…。

爺　そう、無神論的な哲学、つまり「人間」の哲学だ。

だから、万物は、もう「被造物」ではない。神によって、なんらかの意味をもって、なんらかの目的をもって造られたものではない。むしろ、意味もなく、目的もなく、偶然、この世界のなかに投げ出されているものになってしまったのだ。

愛　なるほど。そういうことか…。なんか、わかってきた。サルトルの考えは、キリスト教の世界観と比べると、わかりやすくなるね。

爺　…ところでだ、『旧約聖書』の1ページ目を開くと、こんなことが書いてある。神ヤハウェが、植物を造り出して、「これを見て、良し」としたり、星、太陽、月を造り出して、「これを見て、良し」としたり、魚や鳥を創造して、「これを見て、良し」としたり、獣や家畜を造って、「これを見て、良し」とした、とな。

智　それが、どうかしたの？

爺　サルトルと正反対ということだ。

智　正反対？

爺　ロカンタンはさまざまな物に出会って吐き気をもよおしていただろう？　世界のなかに存在する物は、どれもみな、べとべとした「汚物」だったろう？

⑤アンガジュマン（社会参加）

爺　人も、そして物も、意味もなく、理由もなく、偶然、この世界に投げ出されておる。しかし、この話は、『嘔吐』でのこと。『存在と無』になると、ちがう。人間は、「選ぶ」ことによって、「意味」や「価値」を作り出すことができるようになったのだ。

愛　そうだった。

爺　人間が、神の代わりに、自分に意味づけしたり、物に意味づけをしたりすることになった。自由に「選ぶ」ことによって、な。

たとえてみればこうだな。昔は、神によって、世界が色ぬりされていた。しかしな、じつのところ、そんな色ぬりなどなかったのだ。もともとな。これが「無神論」の立場だ。

だから、世界は「まっさら」だ。で、それぞれの人間が、今度は、色ぬりをすることになったのだ。それで、どういう色にぬるかは各人に任せられておる。
智　「任せられて」いる？
爺　そう。任せられておる。それぞれの人間が、自由に色を選ぶのだな。羊を何色にぬるのか、草を何色にぬるのか、雨を…。
もちろん、この「色」というのは、意味や価値のことを指しているのだが。
智　「自由に」？
爺　そう、自由だ。どういう色にぬってもよい。いい換えると、どういう意味づけをしてもよい。どういう価値づけをしてもよい。自分の頭で考えてな。
智　なんか、恐いね。自由に、っていうと…。
爺　そうなのだ。恐いだろう。ようするに、「責任」があるということだ。どういう色にぬったか、ぬった以上は、ぬったことについて、その人に「責め」がある。しかも、何色にもぬらないということはできない。どれかの色をぬらなければならない。「責任」をまぬかれることはできん、ということだな。
智　うーん…。
爺　たとえばだ。自分の職業を何にするかを「選ぶ」。これは、いわば、自分自身に色づけをするということだ。その選択については「責任」がある。政治家になるか、医者になるか、エンジニアになるか、それとも泥棒になるか、殺し屋になるか、…。
智　それも職業なの？
爺　「殺し屋」にも「屋」がついておるだろう？

智　…うーん。たしかにそうだけど…。

爺　それから、選挙もそう。Aさん、Bさん、Cさんのうち、だれがいいかを投票で「選ぶ」。だれも選ばないということはできない。だれかを選ばなければならない。

愛　でも、「棄権」っていうのがあるでしょ？

爺　いや、じつは、棄権も選択肢のひとつなのだ。ようするに、他の投票者に任せる、ということを「選択」したのだ。だから、なにも選ばないということはできない。

〔…〕

爺　じつはな、さっきは「まっさら」といったが、正確にいうと、そうではない。

智　「まっさら」ではない？

愛　神による色づけは、なくなったんでしょ？

爺　そうだ。羊とはかくかくしかじかこういうもの、草とはかくかくしかじかそういうもの、こういうことについて神による意味づけはなくなった。だが…。

愛　「だが」？

爺　人による意味づけがあるのだ。人がオギャアと生まれてくる世界（「世間」といったらいいかな？）には、もうすでに、羊とはこういうもの、草とはこういうもの、という常識というか、共通理解が、人々のあいだにある。物には、もうすでに、ある意味づけが施されておる。神による色づけというよりも、人による色づけといったほうがよいものだ。
ごくごく大ざっぱにいうと、世間の常識っていうものだな。

愛　よく考えると、たしかにそうね。

爺　この世界というか、世間には、物がいろいろある。人も大勢いる。そして、その人たちの価値観というか、常識というか、共通理解もある。こういったものをひっくるめて、「状況」とよぶ。

愛　状況…ね。「状況」とは、物と人の全体…。

爺　「状況（シチュアシオン）」は、サルトルが好きで、よく使っていた言葉だ。人は、気づいたときは、ある「状況」のなかに、もうすでに、投げ込まれておる。すでに意味づけされた世界だ。すでに色ぬりされておる世界だ。他人の手によってな。

愛　オジサンたちの価値観。その色づけ、っていうのは。

爺　だがな、いいか。その色を、おまえたちがぬりかえることができるのだ。オジサンたちがぬった色が気に入らなければ（キタナイ色だと思うなら）、自分が気に入るような色に世界をぬりかえることもできる。

智　そんなこと、できるの？

爺　できる。しょせん、人間がぬった「色」、いい換えると、「意味」「価値」だからな。
だがな、そこには「責任」が生じる。

智　また「責任」？

爺　そうだ。だって、その色にぬりかえたのは、おまえたちだろう？　だから、おまえたちに責任がある。
…いい換えると、こういうことだ。おまえたちは、生まれるとすぐ社会の仕組みのなかに取り込まれるな。

愛　うん。

爺　やがて成長して、その社会の仕組みが気に入らなくなってきたとしよう（キタナイ社会に感じられてきたとしよう）。その社会の仕組みは、オジサンたちがつくったり、支えてきたりしたものだ。で、おまえたちは、その社会の仕組みが気に入らなければ（「吐き気」をもよおす社会に感じられてきたら）、組みかえてもよい。自分の気に入るようにな。自分にとって「意味」あるものにな。

実際、サルトルはパリの街角《まちかど》に立って、多くの人々に向かって、社会を組みかえよ、社会を変革せよ、と叫んでいた。「自由」をおさえつける権力に対して立ち上がれ、と呼びかけていた。そして、多くの若者が、そう、世界中の若者が、その呼びかけにこたえた。サルトルに勇気づけられたのだ（もう何十年も前の話だがな…）。

だが、身勝手な組みかえはいかん。組みかえる以上は、ちゃんとその責任をとらなければならん。おまえたちが組みかえようとしている社会のなかには、他の人たちだって、大勢暮らしておるのだから。

愛　そうだね。他人にも、影響ある。

爺　…じつはな、「ぬりかえることもできる」ではない。「組みかえてもよい」ではない。

智　えっ、どういうこと？

爺　じつはな、すでに、ぬりかえておる。組みかえておるのだ！

智　「すでに」って、どういうことなの？　わかんない。

爺　ワシらは、すでに社会に「参加」しておるからだ。さっきいった選挙だって、「参加」しないことはできん。棄権だって「選択」のひとつだからな。

ワシらは社会のなかで生きておる。社会のなかで、自分の行動を、なんらか「選択」しておる。だから、ワシらは、すでに、なんらかのかたちで社会の「色づけ」にかかわっておるのだ。まぬかれることはできん。だから、もうすでに「責任」がある。責任というものをまぬかれることはできん。ワシらは、いやもおうもなく、責任ある存在として世界に投げ込まれておるのだ。

智　うーん、そうだったのか…。そういわれると…。

「もうすでに責任がある」のか…。

愛　もうすでに何らかの行動をとっているから、もうすでに「選択」しているから…。

爺　で、これを、アンガジュマンというな。

智　アンガ…?

爺　フランス語でアンガジュマン、つまり「社会参加」「政治参加」だ。

ワシらは、すでに「状況」に「巻き込まれて（アンガジェ）」おるのよ。逃げることはできん。この状況にかかわらざるをえない。自分のあり方を「選ぶ」ことによってな。社会のあり方を「選ぶ」ことによってな…。

愛　それが、「アンガジュマン」…。

爺　そう、「アンガジュマン」だ。サルトルが有名にした言葉だ。

智　ずいぶん重い荷物を背負わされているような、そんな気がしてきた…。

⑥ サルトルとプラトン主義

爺 最後に、サルトルとプラトン主義との関係を話しておこう。

智 サルトルも、やっぱりプラトン主義者なの？

爺 そんなに結論を、あせるんじゃない。しかし…。

智 「しかし」？

爺 しかし、サルトルもプラトン主義者なんだろうな。広い意味ではな…。

愛 「広い意味では」？

爺 広い意味では、だ。じゃ、説明とゆくか。でな、ちと注意が必要だな。というのもな、サルトルは、プラトン主義を批判しようとしたからだ。

智 えっ？ サルトルは、プラトン主義を批判したのにプラトン主義者なの？

愛 なんか、変。

爺 いいか、注意するのだ。プラトン主義を批判しようとした、なのだ。で、ほんとうに批判できているかというと…。
…あやしいんだな、これが。

愛 じゃ、批判できていないの？

爺 さて、サルトルは、人間とナイフを比較する。人間と物を対比する。で、人間の場合は「**実存が本質に**

先立つ」のだが、ナイフの場合は「本質が実存に先立つ」というな。

智　「実存が本質に先立つ」？

爺　そう、「実存が本質に先立つ」、これも有名なサルトルの言葉だな。ナイフの場合は逆だ。本質が先にある。製作者が、頭のなかで、かくかくしかじかこういうものを造ろうとイメージして、つまりアイデア（＝イデア）が先にあって、ナイフという物が、後から造られる。ナイフという実存（＝事実存在、現実存在）が先にあるのではない。

愛　それは、さっき出てきた話（↓214頁）。

爺　そうだ。…ナイフの場合、このくらいのサイズで、手に持って切れるもの、というアイデア（＝イデア）が先立って、それにもとづいて現物（＝実存）が後から造られる。

愛　で、ナイフの「本質」は切れることだ。切れなかったらナイフじゃないだろう？

爺　そう。切れなかったら、ナイフじゃなくて、「平べったい鉄」かな？

愛　というわけでな。ナイフについては、「本質が実存に先立つ」わけだ。

爺　だが、人間はちがう。人間は、もう、地上の支配者として神様が造ったものではない。意味もなく、理由もなく、偶然、世界に投げ込まれた存在になってしまったのだ。

愛　そうだった。

爺　ところが、だ。サルトルは、18世紀には、人間についてもプラトン主義的な考え方があった、といっておる。

智　18世紀には、そうだったの？　人間も？

爺　そうらしいな。で、このあたりは、ちと入り組んでおるから、よく考えるのだぞ。

智　うん。

爺　18世紀には、人間の本質は「人間性」と考えられたな。

智　「人間性」？

爺　人間性だ。だから、人間性に欠けていたら人間ではない。

愛　切れなかったらナイフじゃない。人間性を欠いていたら人間じゃない、…か。

爺　人間性とは、具体的にいうと、知性、愛情（利他愛）、礼儀正しさ、節度…といったものだ。だから、知性を欠いたら人間ではない、愛情を欠いたら人間ではない。礼儀を欠いたら…。…ヒトデナシだ。ケダモノだ。

愛　人間ではないからヒトデナシ…か。

爺　でな、18世紀には、こういった人間性を磨《みが》くこと、知性だの愛情だのといった人間性をひたすら磨いて、理想的（イデア的）な人間に近づくことが求められたな。また、理想的（イデア的）な人間に近づくことができると信じられておった。人間には完成可能性（ペルフェクティビリテ）があると信じられておった。

愛　完成可能性（ペルフェクティビリテ）、…か。

爺　これを絵にすると次のようになるな。

…すぐわかるように、プラトン主義の図式と基本的には同じだろう？

智　そうだね。だいたい同じだね。

爺　矢印が、上から下に向いているだろう。

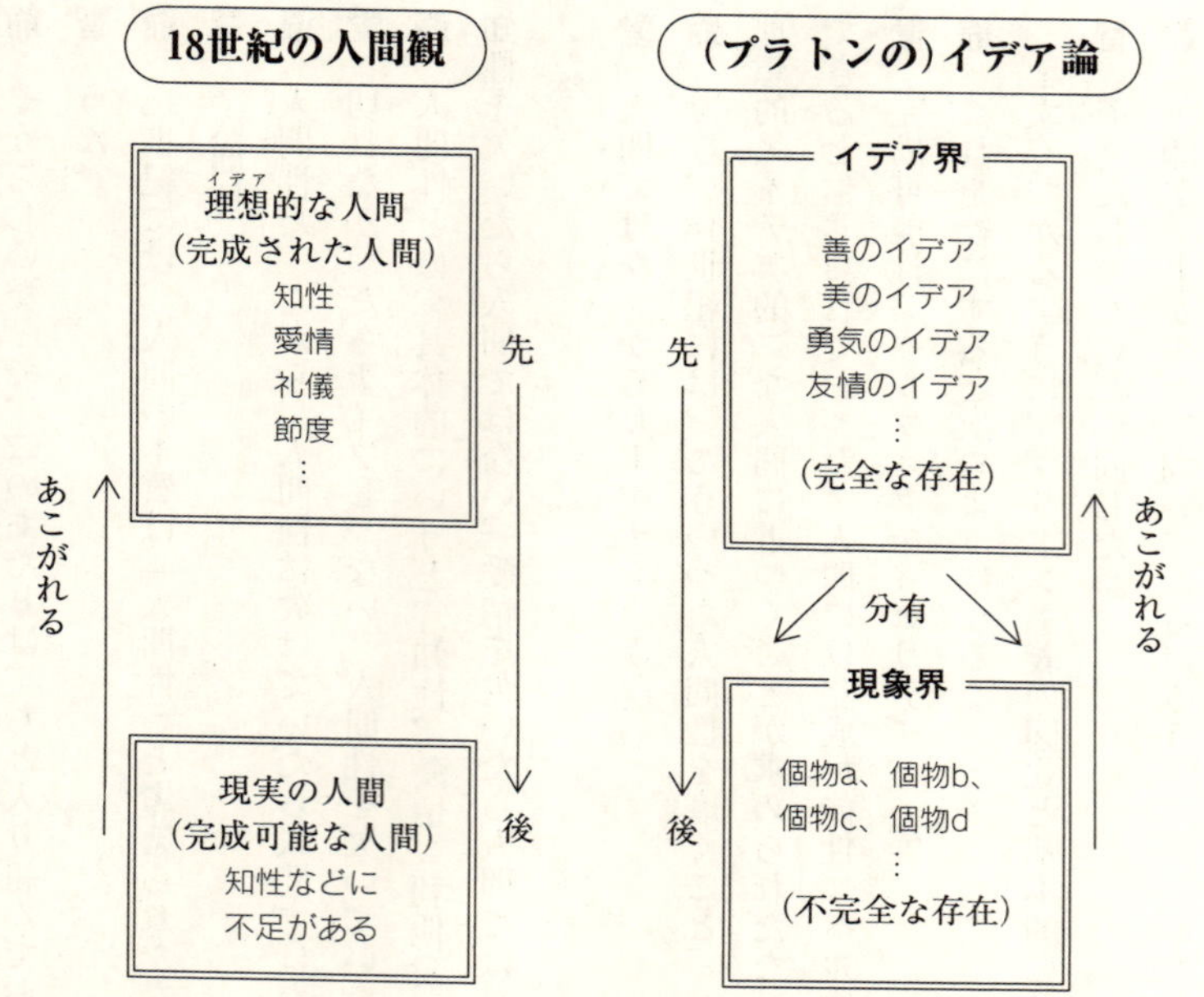

愛　そう…。両方とも、先立つのは上のほう。

爺　こういうふうに、18世紀の人間観はいまだにプラトン主義的だったわけだ。そして、サルトルは、これと縁を切ろうとした（つもりだった）。そして、次にあるような（新しい）人間観を示したな。図にすると、こんな感じだ。

　サルトルの場合、「理想的な人間」など、はじめから決まっているわけではない、規定されているわけではない。人間は、はじめ、何ものでもない。先立つのは、現実に存在する人間、つまり「実存」だ。自分が何者かわからないまま、気づいたときには世界のなかに投げ込まれている人間が、まず先に存在している。だから、「実存は本質に先立つ」というな。人間の場合はな。

　そして、その人間が、自分のあり方を自分で考えて決めてゆく、自分で自由に自分を造

(サルトルの考える)サルトルの実存主義的人間観

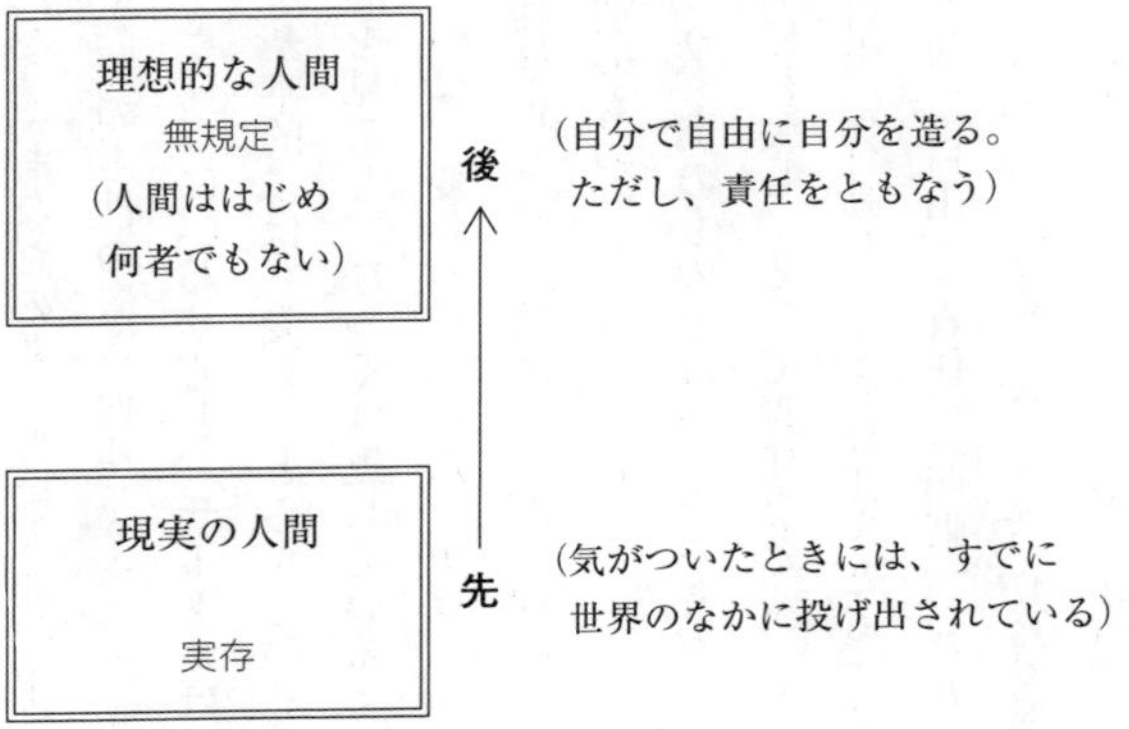

り上げてゆく。だれの命令も、きく必要はない。親だろうと、先生だろうと、ほかのエライ人だろうと、な。

といっても、身勝手な自由は許されん。「責任」というものがあるからな。

智　なるほど。

爺　それで、今度は、矢印が下から上に向いているだろう。

愛　そうね。

爺　ということは、サルトルはこの図式をひっくり返したわけだ。プラトンの図式を。

愛　そういうことになるね。

爺　2000年以上にわたってヨーロッパ人のものの考え方を支配してきたプラトン主義を、ついに転倒させたのだ。

愛　すばらしい、サルトル！

爺　長い間ヨーロッパ人を呪縛《じゅばく》してきた図式が、ついに崩壊したように見えるな？

愛　「見えるな」って、どういうこと？

爺　そう。じつのところは、ひっくり返っているように見えるだけなのだ。

愛　「見えるだけ」ってのは、ようするにダメだったの？

爺　ピエール・ナヴィル（１９０４～９３）という人がおってな。サルトルに、面と向かっていったな。批判したな。「あなたの考え方は人間の本性の置き換えだ」とな。

智　「人間の本性の置き換え」？

爺　ナヴィルにいわせると、サルトルは、人間の本質、つまり「人間性」の置き換えをしているだけなのだ。昔と、基本的には、変わっとらんというな。

愛　図を見ると、ひっくり返しているような気がするけど…。

爺　じつは、変わっておらん。ナヴィルにいわせると、かつて18世紀に人間の本性と考えられた「知性」「愛情」「礼儀正しさ」「節度」…が、別のものに置き換わっているだけなのだ。

智　「別のもの」って？

爺　そう、別のものとはな、…そうだな、社会というか「状況」をしっかりと見据えて、そのなかで自由に、主体的に行動し、そして責任をとる、といったことかな。

智　「自由に行動し、その責任をとる」？

爺　そう、「自由」「責任」「明晰」、それがサルトルにとっての「人間性」、それが新しい人間の本質だ（澤田直『〈呼びかけ〉の経験』人文書院、47頁参照）。

だからな、ぼぉーとしていて「状況」をしっかりと見据えていない者（そういう人間にとっては、社会は「明晰」ではない）、主体的に行動せずにただまわりの人間に合わせて右往左往している者、自分の行動に責任をとらない者、こういうヤツらは、ダメ人間、つまりは「ろくでなし」だ。

智　「ろくでなし」って、どこかに出てきたね。

愛　『嘔吐』だったかな？　たしか…。

爺　そうだ。小説『嘔吐』だ。…主人公のロカンタンは、港町ブーヴィルの人々を「ろくでなし」とよんで、見くだしておった。「別の種族」とよんで、軽蔑しておった。

愛　「別の種族」？　やだ、それは、ちょっと言い過ぎ…。

爺　で、ブーヴィルという町の人々は、「明断」についても「自由」についても「責任」についても、バツ印、ペケなのだ。

智　ペケか…。うーん…。

爺　『嘔吐』には、ぼぉーとしていて、ねむそうな人、するどい目で「状況」を見つめているとはとてもいえない人が、なんにんも出てくる。

たとえば、アドルフという男の場合は、こうだ。

> 彼はねむそうな顔で微笑する。また、夢を見ている犬のように、ときどきからだを震わせたり、鳴いたり、ちょっともがいたりする。（『嘔吐』34頁）

智　鳴くかな？　夢を見ているとき…でしょ？

爺　たしかに。…まぁ、とにかく、目をしっかりと覚ましてはおらん、ということよ。

自由というか、主体性についてもそうだ。そして、責任についてもな。

ある事柄を理解しようとするとき、ひとりきりで助けもなくその事柄と向かうものだ。（『嘔吐』１１４頁）

とロカンタンはいっておる。そうしなければならん、とロカンタンはいっておる。

愛　「ひとりきりで助けもなく」…？

爺　そう。そこに、自由というか、主体性があるわけだ。しかし、ブーヴィルの住民たちはちがう。

私はこの愉快で分別くさい話し声のなかにひとりでいる。すべてこういう連中は自分たちの意見を述べ、自分たちが同じ意見であるのを幸せにも認めることに時を過ごす。みんなが同じことを、みんな一緒に考えていることを、ああ、いかに彼らが重要視していることか。（『嘔吐』17頁、傍点は荻原）

愛　たしかに、「主体性」が欠けている。「こういう連中」とか、「彼ら」とか、よばれている人たちは。

爺　そう。そして、この文章はこう続いているな。

それは彼らのあいだを、眼のすわった、自分の内面をみつめている様子が明らかな、彼らとはもうまったく意見が一致することのないひとりの男が通ってゆくときに彼らがどんな顔をするかを見れば、十分わかることだ。（『嘔吐』17頁、傍点は荻原）

智　うーん…。

愛　どうしたの、「うーん」て…？

智　いや…。やっぱり、ぼくは、「彼ら」のほうかな、って思って…。

愛　「彼ら」って、ようするに、「ろくでなし」でしょ。

爺　「ろくでなし」。…いい換えると「駄人間」だ。

智　「駄人間」？……。

愛　「駄人間」…、「駄人間」…。あれっ？　どこかで「駄…」って、出てきた？

智　たしかに、出てきたような気がする。でも、どこだったっけ？

爺　思い出してごらん。

愛　そうだ！　「駄犬」ていうのが出てきてた。えーと、そう、プラトンのところだった。

智　そう、そう。たしか、うちのポチが駄犬だとか、そしてパトラッシュが名犬だとか…。

愛　で、イデア界には、名犬のなかの名犬、犬のイデアってのがいる。

爺　…というわけだ。だから、サルトルの図式は、このように書き換えたほうがよいかもしれんな（次頁の図）。

どうかな？　書き換えてみると、やっぱりイデア論の図式と同じようには見えないか？

（ナヴィルの考える）サルトルの実存主義的人間観

理想的な人間
自由 責任 明晰

先

↓

後

現実の人間
主体的に行動せず、責任を回避し、鋭く社会をみつめてはいない

「自由」、「責任」、「明晰」が新たな「人間性（人間の本質）」を示している。

愛　見える。たしかに。

智　結局同じなのか…。矢印は、ひっくり返っていなかったんだ…。

おそるべし、プラトン主義…。

愛　おそるべし、プラトン主義。

２０００年以上も、ヨーロッパ人の頭のなかを支配し続けてきたんだね。これは、もぉー、すごい…。

⑦ 締めくくりとして

爺　さて、おまえたちに質問だ。なぜ、ロカンタンは、石や紙切れやマロニエの木やカフェボーイの青いシャツに、吐き気をもよおしたのかな？

愛　「実存」に対する嫌悪感でしょ？　理由も、意味もなく存在していることへの嫌悪でしょ？　おじいちゃんがそういってたじゃない？

爺　そのとおり。しかし、ワシがいいたいのはそのことではない。だったら、石やマロニエの木でなくてもよい。なんでもよいことになる。ワシのいいたいのは、なぜ石でなければならんのか、マロニエの木でなければならんのか、だ。

愛　うーん、わからないな…。たまたまじゃないの？

爺　よくよく思い出してごらん。ロカンタンが石をつかんだときのことを。…そうだ。ロカンタンは水切りをしている子どもたちを見て、自分も石を投げようとした。そのときのことだ、「吐き気」におそわれたのは。

智　水切り…。

爺　水切りをすると、石はどうなる？

智　ぴょんぴょん飛び跳ねるんだよ。ふつうは、2、3回くらいかな。

爺　そのとおり。まるで自分で飛び跳ねているように見えるな。

智　うん。

爺　まるで石に意志があるようにな。生き物のようにな。

智　「イシにイシ」って、だじゃれ？

爺　〔無視して〕それから、下宿の前で紙切れを拾おうとしたときもそうだった。

智　「そうだった」って？

爺　そのとき、たまたま風が吹いてきて、落ちていた紙切れがふるえた。ピクピクッとな。するとな、まるで紙切れが自分の意志でふるえているように見えた。白鳥が羽ばたくように。

そして、マロニエの木も同じ。マロニエは、まるで意志をもった者が腕を伸ばすように黒い枝を空に伸ばし、そしてまた爪を立てているかように根を大地に広げていたな。
智　ふぅーん。
爺　そこに厭《いや》なものを感じたんだな。ロカンタンというかサルトルは。意志をもたないものがもっているように見えることが。「考える」ことのないものが考えているように見えることが…。ロカンタンは、こんなふうにいっておる。

物、それが人に〈ふれる〉はずはないだろう。なぜなら、それは生きていないから。人々は物を使用し、それを元の場所に置き、そのあいだで暮らしている。物は役に立つが、それ以上の何ものでもない。そして、それが私にふれることが耐えがたいのだ。まったくそれが生きたけだものであるかのように、物と関係をもつことを私は怖《おそ》れる。(『嘔吐』20頁)

愛　あっ、わかった!
智　えっ、何が、わかったの?
愛　デカルト…。デカルトの二元論。サルトルも、考えるものと考えないもの、意志をもつものと意志をもたないものを区別しようとしてる。だから、意志をもたないはずのものがもっているように見えることに違和感を感じたんでしょ。
爺　まさしくそうだ。よくわかったな。
智　じゃ、カフェボーイの青いシャツは?

愛　ん、カフェボーイの青いシャツ?……。わかんない…。これは?

爺　逆だな。今度はその反対だ。

愛　反対?　わかんない…。

爺　では説明するぞ。カフェボーイは、制服である青いシャツをいったん着てしまうと、自分の意志がなくなってしまう。カフェボーイは、万事、マニュアル通りに行動することになる。ロボットになってしまう。アシモも同然。意志のあるものが意志のないものみたいに見えてしまう…。

愛　なるほど、そういうことね。たしかに反対。

爺　やはりサルトルは、デカルトやパスカルと同じ国の人間なのかもしれん。

…さて、サルトルから大きな影響を受けた大江健三郎だが、子どもの頃、こんな話があったらしい。もう60年も前のことだ。

大江は、小さい頃、四国の小さな村の国民学校に通っていた。

智　国民学校?

爺　国民学校とは、いまの小・中学校にあたる学校だ。

その頃、日本はアメリカ、イギリス、中国といった国々と戦争をしていた。太平洋戦争だ。多くの人が命を落とした戦争だ。敵も味方もな。で、一番こわい相手はアメリカだな。当時の学校では、先生たちがな、子どもたちに、アメリカというのはひどい国だ、アメリカ人というのは最低な連中だ、「鬼畜米英!」などと教えておった。

智　「キチクベイエイ」?

爺　米英、つまりアメリカ人、イギリス人は、鬼だ、畜生（牛や馬などのこと）だ、つまり人間以下だということだ。

智　人間以下っていうのは、ちょっと…。

爺　そうやって、憎しみの感情を、子どもたちに植えつけておったのだ。

愛　ヒドイ。

爺　アメリカと血みどころの戦争をやっておったからな。外国人に対する敵対心をあおっていたのだ。

智　ふぅーん…。

爺　当時の子どもたちは、だいたい、先生にいわれるがままに信じておったようだな。

智　アメリカ人は、人間以下だって…。変なの…。

爺　まだテレビがない時代だ。実際にアメリカ人に会ったことがある人間もたいへん少ない。そういう時代だ。だから、子どもたちは先生のいうとおり信じておった。

智　ふぅーん。

爺　やがて、日本は戦争に負けた。沖縄に上陸され、広島、長崎に原爆を落とされ、たいへん多くの死傷者を出して、ついに降伏した。１９４５年の夏のことだ。

大江少年が学校に行ってみると、先生のいうことが１８０度変わっていた。以前は、天皇は「神」だ、アメリカ人は人間以下の鬼だ、ケダモノだといっていたのに、学校の先生たちは、突然、アメリカの人は友だちだ、これからはアメリカ人と協力して、平和で民主主義的な国をつくりあげましょう、といいはじめたんだな。

そして、アメリカ軍がやってきた。日本を占領するためだ。彼の住んでいた小さな村にもやってきた。何台かのジープに乗ってな。そのとき大江少年はアメリカ人たちに出会った。彼が10歳のときのことだ。

智　ふぅーん…。

爺　次の日から大江少年は学校に通えなくなってしまった。

愛　不登校…。

智　先生が信じられなくなっちゃんたんだね。

爺　たぶんな。

同じ先生が、正反対のことをいいはじめたのだからな。反省もしないで。以前は、戦争に行って命を落とすのはたいへん名誉なことだ、そしてアメリカは鬼畜だといっていた、その同じ先生たちが、まったくちがうことをいいはじめたのだ。平気な顔をしてな。

愛　いろいろ事情があったんでしょ、先生にも？

爺　とにかく、もう学校には行けなくなった。

智　不登校って、昔もあったんだ…。

愛　ひきこもり、とか…。

爺　いや、大江少年はひきこもったのではない。学校には行かなくなった。その代わり、森に通いはじめたのだ。植物図鑑をもってな。毎日、毎日、…。

智　森に…。なぜかな？

愛　…。

爺　おそらく、こういうことではないかな。あくまでワシの推測ではあるが…。
愛　どういうこと？
爺　人間はいうことが変わってしまう。昔といまとでは、昨日と今日とでは、いうことが全然ちがう。同じ人間なのに。しかし、森は変わらない。戦争の前も、そして戦争の後も。森は森。そのままだ。森の木々は、同じように枝を広げ、葉をつけ、大地に根をおろしている。森はウソをつかない。森は信じることができる、となる。
わかるか？
智　わかるよ。でも、人間も信じられるといいんだけど…。
爺　大江健三郎は、人間を避けて、おとなを避けて、森にこもった、ということだ。
では、サルトルは？　サルトルはどうだったかな？
智　サルトル？
愛　サルトルも、どこかに「こもって」いたの？
爺　ロカンタンは図書館にこもっていただろう？　ブーヴィルの町の「ろくでなし」どもを見下しながら、図書館に毎日毎日通って本のなかに埋《うず》もれていただろう？　ひたすら活字に向かっていたのだ。
智　サルトルじゃなくて、ロカンタンか…。
愛　ま、サルトルでもロカンタンでも同じだけど…。
サルトルは、人間の代わりに、活字を信じようとしたの？
爺　ロカンタンは森の木々には向かわなかったな。それどころか、木を見て吐き気を感じたほどだ。公園のマロニエを見てな。

智　そうか、正反対なんだ。

爺　サルトルは生《なま》の自然が嫌いだった。生野菜が嫌い。食べるデザートは果物ではなく、ケーキのような物。人の手の加わった物だったらしい。花も好きではなくて、女性に花を贈ったことはほとんどなかったというな。

愛・智　サ…、サルトル、おまえもか…。

引用文献

内山勝利編『ソクラテス以前哲学者断片集』第1分冊、岩波書店、1996年
パスカル『パンセ』1・2、前田陽一・由木康訳、中央公論新社、2001年
サルトル『嘔吐』白井浩司訳、人文書院、1994年

理解を深めるためのブックリスト

さらに哲学、哲学史を学ぶための本をいくつか紹介させていただきます。原則的に、わかりやすい、初心者向けのものを選んでみたつもりです（が、一部やや難解な本もリストに入れざるをえませんでした）。

◉全体を通して
岩田靖夫『ヨーロッパ思想入門』岩波ジュニア新書、2003年
新田義弘『哲学の歴史――哲学は何を問題にしてきたか』講談社現代新書、1989年
木田元『反哲学史』講談社学術文庫、2000年
ミシェル・オンフレ『〈反〉哲学教科書――君はどこまでサルか?』嶋崎正樹訳、NTT出版、2004年

◉第1章
荻野弘之『哲学の原風景――古代ギリシアの知恵とことば』NHKライブラリー、1999年
荻野弘之『哲学の饗宴――ソクラテス・プラトン・アリストテレス』NHKライブラリー、2003年
山川偉也『古代ギリシアの思想』講談社学術文庫、1993年
納富信留『哲学者の誕生――ソクラテスをめぐる人々』ちくま新書、2005年
藤沢令夫『プラトンの哲学』岩波新書、1998年
山口義久『アリストテレス入門』ちくま新書、2001年

◉第2章
岩田靖夫『西洋思想の源流――自由民の思想と虜囚民の思想』放送大学教育振興会、1997年
T・F・グラッソン『ユダヤ終末論におけるギリシアの影響』中道政昭訳、新教出版社、1984年
グレゴリー・J・ライリー『神の河　キリスト教起源史』森夏樹訳、青土社、2002年

ギャリー・ウィルズ『アウグスティヌス』志渡岡理恵訳、岩波書店、２００２年

◉第3章

野田又夫『デカルト』岩波新書、１９６６年
小林道夫『デカルト入門』ちくま新書、２００６年
谷川多佳子『デカルト『方法序説』を読む』岩波セミナーブックス、２００２年
塩川徹也『パスカル『パンセ』を読む』岩波セミナーブックス、２００１年
冨田恭彦『観念論ってなに？——オックスフォードより愛をこめて』講談社現代新書、２００４年
泉谷周三郎『ヒューム』清水書院、１９８８年
石川文康『カント入門』ちくま新書、１９９５年
黒崎政男『カント『純粋理性批判』入門』講談社選書メチエ、２０００年
中島義道『カントの人間学』講談社現代新書、１９９７年
中島義道『悪について』岩波新書、２００５年

◉第4章

ドナルド・D・パルマー『サルトル』澤田直訳、ちくま学芸文庫、２００３年
澤田直『新・サルトル講義——未完の思想、実存から倫理へ』平凡社新書、２００２年
朝西柾『サルトル　知の帝王の誕生』新評論、１９９８年

海老坂武『サルトル』岩波新書、２００５年

や行

ユクスキュル（1864－1944）
ユスティノス（100頃－165頃）

ら行

ルター（1483－1546）
レウキッポス（前5世紀）

登場人物生没年

あ行

アウグスティヌス（354－430）
アナクシマンドロス（前611頃－前547頃）
アナクシメネス（？－前500頃）
アリストテレス（前384－前322）
アレクサンドロス（大王）（前356－前323）
アンティオコス４世（前215頃－前163）
イエス・キリスト（前６－30）
エンペドクレス（前490頃－前430頃）
大江健三郎（1935－）
大島渚（1932－）
鬼束ちひろ（1980－）
オリゲネス（185頃－254頃）

か行

唐十郎（1940－）
ガリレイ，ガリレオ（1564－1642）
カント（1724－1804）
クセノファネス（前570頃－前480頃）
クレメンス（アレクサンドリアの）（150頃－215頃）
グンケル（1862－1932）
ケラー，ヘレン（1880－1968）
コペルニクス（1473－1543）
ゴルギアス（前485頃－前380頃）

さ行

サルトル（1905－1980）
釈迦（仏陀）（前563頃－前483頃）
シラー（1759－1805）
荘子（前369－前286）
ソクラテス（前469－前399）
ゾロアスター（前12世紀頃）
ソロモン（前10世紀）

た行

ダヴィデ（？－前962頃）
タレス（前620頃－前555頃）
ディオクレティアヌス（245－316）
デカルト（1596－1650）
デッラ・ポルタ（1550－1615）
デモクリトス（前460頃－前370）
テルトゥリアヌス（160頃－220）
テレジオ（1508－1588）
ドミティアヌス（51－96）

な行

ナヴィル（1904－1993）
ニュートン（1642－1727）
ネロ帝（37－68）

は行

パウロ（10頃－65頃）
バークリ（1685－1753）
パスカル（1623－1662）
パルメニデス（前515頃－前445頃）
ヒエロニュムス（342頃－420）
ヒッピアス（前５世紀）
ピタゴラス（前６世紀）
ヒューム（1711－1776）
プラトン（前428頃－前347）
ブルーノ（1548－1600）
プロタゴラス（前490頃－前421）
ヘーゲル（1770－1831）
ペテロ（１世紀）
ポントリャーギン（1908－1988）

ま行

メンデル（1822－1884）

わ行

は行

ま行

や行

ら行

た行

な行

さ行

事項索引

あ行

か行

は行

や行

ら行

人名（神名）索引

あ行

か行

さ行

た行

な行

著者紹介

荻原　真（おぎはら・まこと）

1958年東京生まれ。東京大学教養学部卒。中央大学文学部卒。専攻は思想史。著書に『日本人はなぜ脳死・臓器移植を拒むのか』（新曜社），『小林秀雄とは誰か』（洋々社），訳書に『現代フランス思想とは何か』（共訳，河出書房新社）などがある。

新曜社　西洋哲学の背骨
知っておきたい　プラトン，デカルト，カント，サルトル

初版第1刷発行　2006年8月5日©

著　者　荻原　真
発行者　堀江　洪
発行所　株式会社 新曜社
〒101-0051　東京都千代田区神田神保町2-10
電話 03-3264-4973㈹・FAX 03-3239-2958
URL　http://www.shin-yo-sha.co.jp/
E-mail　info@shin-yo-sha.co.jp

印刷　神谷印刷　Printed in Japan
製本　難波製本　JASRAC 出0608917-601
ISBN4-7885-1011-1 C1010